昭和から平成、そして令和へ

皇后三代

その努力と献身の軌跡

櫻井秀勲 著

きずな出版

はじめに
皇太子時代の上皇陛下に直接お后選びへの確固たる意志を聞いて――

現在生きている私たち日本人として、名前を知っている古い皇后といえば、昭和天皇のお后《きさき》だった香淳《こうじゅん》皇后になります。

明治時代には昭憲《しょうけん》皇太后というすばらしい皇后がいましたが、いまから一〇〇年以上前の方であり、知っている人もほとんどいないでしょう。

また明治天皇の後の大正天皇には貞明《ていめい》皇后という、昭和天皇のご生母がおりましたが、大正時代は一五年という短い歳月だったため、あまり知られていないようです。

このお二方のお后につづくのが香淳皇后でした。この香淳皇后までが、旧皇室典範第三九条「皇族の結婚は、皇族または特に定められた華族に限る」という条文によって選ばれていました。

日本は太平洋戦争が終結するまで、皇族と華族が上流階級を支配していました。中でもこの条文にあるように「特に定められた華族」が、皇族につづく上位の支配階級となっていたのです。

こう書くと私たち庶民とは関係ないように思えますが、そうではありません。皇室、わかりやすくいうと二重橋の奥では、つい最近までこの古い掟《おきて》が生きていたのです。

その掟を破ったのは、現上皇の明仁殿下（当時）でした。

上皇がまだ皇太子の時期でした。それもまだ二〇歳、私が「女性自身」編集長を務めていたとき、軽井沢に派遣した取材班に、殿下は、こうはっきり話したのです。

上流旧華族の本家からは、妃をとらないということを小泉さん（注・小泉信三博士・東宮参与）に話している。これは私の将来の皇太子妃選考の第一条件として、具体的にどういう人がいいかという問題をぬきにして、一般的な理想の線として考えたことだった。

皇室への二つの意見に
私から答える／談・皇太子明仁親王殿下

はじめて語られた 自らのお心のうち

文・構成 橋本 明（共同通信記者 皇太子学友）

今週号の目次は次ページです。

このお写真は、本記事と無関係の日時に撮影されたものであることをお断わりします

まずタイトルの意味を説明しよう。〝二つの意見〟とは――本誌339号で、「兄弟／両殿下への提言」という一文を寄せた橋本明氏に対し、旧華族の立場から、酒井美意子さんが反論し、大きな反響をまきおこした論争のこと。

皇太子殿下は、この論争をお読みになった。そして、この〝二つの意見〟に対し、「私が答える」と、つよい決意でここにご発言されたのである。

（23）

筆者が編集長を務めていた、昭和四〇年八月三〇日号の「女性自身」の記事これは昭和四〇年（一九六五）八月三〇日号の「女性自身」に掲載されています（前頁参照）。皇太子がこのように、週刊誌にご自身の考えを直接述べられたのは史上初のことで、私は初めて皇太子の肉声を聴いたのです。

この皇太子のご真意に対して正田《しょうだ》美智子さんを推薦したのが、明仁親王の教育責任者だった小泉信三博士（元・慶應義塾大学塾長）でした。

ここで重要なのは、敗戦によって天皇家の人々のご結婚が皇族と華族に限らなくなったからといって、それが直ちに一般市民との結婚に結びつくわけではないという点です。

結婚は両性の合意によるわけですから、皇族、華族の中のお嬢さまと合意に達すれば、それでいいわけです。この考えを強く推したのが、香淳皇后でした。

もちろん母・皇后は、自分の大切な皇太子が「上流華族の本家からは、妃はとらない」などと考えているとは、夢にも思わなかったでしょう。

母親は当然、自分の選んだ皇族、華族の娘と結婚すると、信じきっていたのではないでしょうか？

皇太子はさらに、

上流旧華族以上の上の家から、妃をとらないことは、遺伝的な考慮ばかりでは決してなかった。しかしまた、彼らへの永遠の決別を、心に誓ったわけではない。

ここをしっかり、私たちに強調したのです。

正田美智子さんが皇太子妃候補として浮かび上がってきた頃、皇太子は「この人なら国民のことを考える伴侶になれる」と思ったといいます。

そのことを皇太子は原稿の中に、

国民と共に考え、共に生きる伴侶としての人を求めていた。これは旧華族上流以上の人には、求められない姿であった。

と話されています。さらに、

現在、美智子の、常に日本国民のことを考え、自分のつとめに忠実たらんとしている姿をみて、この自分の考えが間違っていなかったと感じている。

と、こちらの筆に対し、許可を与えてくださったのです。

こうして天皇家始まって以来、一二五代目にして初めて、市民から皇太子妃、皇后の座へと昇った女性が、美智子さまだったのです。昭和三四（一九五九）年春のことでした。

一般市民の喜びは、尋常ではありませんでした。なぜそれほど市民出身の美智子妃殿下が熱狂的に迎えられたかというと、戦後はあらゆる方面での「権威」というものが、すべて追い落とされたからです。

戦時中に権威を振るっていた貴族、将軍、政治家、財界人は、マッカーサー元帥の指令で一斉に逮捕されたり、公職から追放させられたりしたのです。特に極東軍事裁判で、死刑になった人たちも大勢います。

この頃、源氏《げんじ》鶏太《けいた》の『三等重役』（新潮文庫）という小説が出て、大きな話題になりました。源氏鶏太は直木賞を受賞しましたが、これはペンネームで、実際は住友財閥系の会社で部長でした。

多くの重役がクビを切られる中で、本来、重役になれない社員が三等重役になった話をユーモラスに書いたものでした。

それほど各界で新しい組織が、急ピッチでつくられていったのです。

仮に、この折に元皇族、華族から皇太子妃が誕生していたら、共産党など急進左翼系の皇室への攻撃は、相当強かったかもしれません。

当時の急進派学生は、昭和二七年（一九五二）の皇居前広場での「血のメーデー」で、竹槍の先にナイフをつけて行進し、多くの死傷者を出す事件を起こすほど危険な集団でした。私自身、強制的に参加させられていました。

平和な今日からすると、考えられないほどの血なまぐさい時代だったのです。そう考えると、あらゆる点から考えて、一般市民を妃にしようという、この皇太子殿下の決断は、すばらしいものがあったのです。

まさに時代の変化を早くから読み切っていたのではないか、とさえ思えるのです。それにしても、皇太子さまが美智子さまを選んだ決断が、のちのち天皇家を、世界の王室・皇室の中でも、憧れの対象になるほどの存在にしたのでした。

そして美智子さまは、みごとに一二五代皇后として責任を果たし、雅子さまに一二六代皇后の座をお渡しになったのでした。

私たちが軽井沢で明仁親王殿下にお目にかかったのは、まだ三一歳の若さでした。私も三四歳で、副編集長だった児玉隆也くんに至っては、まだ二八歳でした。新しい時代は、こういう若さが形づくるものなのかもしれません。

昭和から平成、令和に時代は移り、戦後の皇后としては、雅子さまで三代目になりました。私たちは確固とした皇室を持つことになったのです。

ここで皇后三代の歴史を振り返ってみましょう。

著者

もくじ

第1章

良子皇后

旧皇室典範で選ばれた皇族出身最後の女王

第2章

美智子皇后

世間も皇室のあり方も変えた史上初の市民出の皇后

第3章 雅子皇后

お世継ぎで苦しんだキャリア官僚出身の皇后

第4章 天皇と皇后のこれから

写真提供＝毎日新聞社、時事通信社
写真掲載許諾＝宮内庁

昭和から平成、そして令和へ

皇后三代

その努力と献身の軌跡

第1章

良子皇后

旧皇室典範で選ばれた
皇族出身最後の女王

一五歳で学習院を退学、「皇后学」を学ぶことに

第一二四代昭和天皇のお后は、香淳皇后でした。

このお名前はお亡くなりになったあとにつけられた追号《ついごう》です。生前は良子《ながこ》皇后、未婚時代は良子女王と呼ばれていました。

この香淳皇后も、ご結婚への道のりが大変でした。

昭和天皇までは、旧皇室典範によって妃殿下は選ばれていました。お妃に内定したのは学習院女学部中等科三年のときだった、といわれます。

良子女王は皇族の久邇宮《くにのみや》邦彦《くによし》王の第一王女として、明治三六年（一九〇三）三月六日にお生まれになりました。

昭和天皇は明治三四年（一九〇一）四月二九日のご誕生ですから、二歳違いとなります。

昔は皇族、華族の子女は、学習院に入学するのが通例でした。だからお妃選びといえば、学習院女学部の女子生徒からに決まっています。昭和天皇の場合は、二歳年下の良子女王が最適と判断されたのです。

このとき大正天皇の皇后であり、皇太子裕仁殿下（後の昭和天皇）の母親である節子《さだこ》さま（後の貞明皇后）が直々に学習院に行き、良子女王の人となりを調べた、ということです。

このとき皇后は非常にご満足されたということで、良子女王は一五歳で学習院を退学。自宅に設えられた御学問所で「皇后学」を学ぶことになったのです。

皇太子のお妃になる女性は皇后学を学ぶことになります。

私は正田美智子さまが皇后学を学ぶために宮内庁分室に通い始めた頃から、ずっと「皇后学」の様子を見つづけていましたが、この勉強が相当きついものであったことを知っています。

それというのも皇室には独特の礼儀作法や習慣があり、一般市民にとって、日常の言葉遣いを覚えるだけでも大変なのです。

これは第二章「美智子皇后」の項目でくわしく書くことになると思いますが、美智子さまが初の男子となる浩宮《ひろのみや》さま（現・天皇陛下）を抱いて、宮内庁病院から東宮仮御所にお帰りになるとき、車の窓を下ろして、記者団に写真を撮りやすくしたことがあります。

これが後に、学習院派と呼ばれる常磐《ときわ》会《かい》の人たちからいじめを受ける原因になったのです。

彼らは「天皇陛下にお世継ぎの皇太子のお顔を見せる前に、庶民に見せるとは何事か！」と、問題視したのです。

その点、良子女王の場合は、ご学問所がご自宅につくられたこと、皇族として、すでに皇室の言葉遣いやマナーを、小さい頃から習慣にしていた点からしても、何の問題もなかったはずです。

お二人のご結婚はスムーズに運ぶ予定でしたが、思いがけないトラブルが二つ起こったのです。

一つは大正一二年（一九二三）九月一日、関東大震災と呼ばれる、未曾有《みぞう》の大地震と大火災に襲われたことです。

当然、このご結婚は延期され、結局は翌年に設定されました。

これは天災でしたが、実はその前に、人災と呼ぶべき「宮中《きゅうちゅう》某重《ぼうじゅう》大事件」があったのです。

トラブル続きのご婚約

お二人のご婚約が内定したのが大正八年（一九一九）で、良子女王が一六歳のとき、ご結婚が大正一三年（一九二四）で、良子女王が二〇歳のときでした。

しかし、ご結婚に至る途中で「良子女王の母方の島津家には『色覚異常』の遺伝がある」として、皇太子との結婚に反対運動が起こったのです。

その急先鋒に立っていたのは、元老の地位にあった山県有朋でした。

山県は明治維新に際して、西郷隆盛とほぼ同格の働き方を示し、公爵を授けられたほどでしたが、自分の出身地、長州（現・山口県）勢力を広げることに腐心した人物として、あまり評判がよくありませんでした。

しかしこの働きによって、これまでの日本の首相は山口県出身者が八人と、圧倒的な力をいまでももっています。

このときもご婚約が成立したあと、久邇宮家が薩摩（現・鹿児島県）との関係が強いので、難くせをつけたのです。

このご婚約に反対したことで、父の久邇宮邦彦王は「もしそれが事実なら、娘共々自殺する」と、悲痛な発言をしたほどだったのです。

結局、山県側が敗れて、大正一三年（一九二四）一月二六日にめでたくご結婚に漕ぎつけたのでしたが、昭和という時代は、スタートする前からいろいろと綾《あや》がついてしまいました。

いまから考えると、ずいぶん若いご結婚です。新郎二三歳、新婦二一歳というのですから。

しかも、この出来事は関東大震災からわずか四ヵ月後のことで、家や家族を失った国民からすれば、あまり喜べない行事でした。

しかし、それには隠された理由があったのです。

そのころ、父の大正天皇の病状がすぐれず、いつお亡くなりになるか予断を許さない、という状況でした。

実際、天皇は大正一五年（一九二六）一二月二五日に逝去され、裕仁・良子の皇太子ご夫妻は、ご結婚三年弱で天皇・皇后になられたのです。

こうして、新しい年号は昭和となりました。

この昭和の御代は約六四年つづくのでしたが、日本の皇室の長い歴史の中で、この昭和天皇ほど苦しみを味わった天皇は、一人もいません。

「世界との戦争に始まり、戦争に終わった」といっても過言ではありません。

昭和六年（一九三一）に満州事変（現在の中国東北地方）が始まり、昭和一二年（一九三七）には日中戦争が勃発。

昭和一六年（一九四一）から昭和二〇年（一九四五）までは、太平洋戦争として、米国だけでなく英国やソ連（現・ロシア）などを敵として戦ったのです。

この結果、破れた日本はその後、現在に至るまでさまざまなマイナスを抱えつづけています。

当然のことながら、この後遺症は皇室に及び、一時期の昭和天皇は、戦争犯罪によって処刑されるのではないか、というところまで追い詰められたのです。

この間《かん》、良子皇后はどうすることもできません。ひたすら天皇の陰にあって、耐えるしかありませんでした。

またこの当時の日本女性は、夫の仕事や社会的活動に、一切口を差しはさむことはなく、家庭で育児に専念するしかありませんでした。

これは皇后といえども同じで、戦中戦後の良子皇后は、社会的には無言を通していたといっていいでしょう。

これは当然で、皇后は子宝に恵まれ、五人の女児（第二皇女の久宮は満零歳で夭逝《ようせい》）と二人の男児、七人のお子の育児に大変な時期を過ごしていたのです。

「男子を出産する」という重い任務

日本の歴代の皇后には「男子を出産する」という任務がありました。

というのも皇室典範第一条に「皇位は、皇統に属する男系の男子が、これを継承する」と定められていたからです。

これは皇后になる女性にとって、非常にきびしいもので、出産だけは、本人の自由にならないことでもあるからです。

そこで明治天皇までは正室である皇后のほか、権典侍《ごんのてんじ》として柳原愛子《なるこ》など五人が側室に選ばれています。

これはその時代の制度であり、また皇后一条美子《はるこ》（昭憲皇太后）に子ができなかったことにあります。

大正天皇は父・天皇の側室だった柳原愛子がご生母ですが、当然のことながら愛子は華族の出身です。

この大正天皇は病弱だったため、一五年間という短い在位期間で亡くなられるのですが、非常に開明の気質があり、父の明治天皇の御代までつづいていた、側室制度を否定しています。

側室制度をなくした理由の一つには、ご結婚された翌年、すぐに第一皇子の裕仁《ひろひと》親王がお生まれになったことがあります。

その後、雍仁《やすひと》親王（のちの秩父宮）、宣仁《のぶひと》（のちの高松宮）、崇仁《たかひと》親王（のちの三笠宮）の、四人の男子と三人の女子（内親王）を得たことで、側室を必要としなかったのでしょう。

ここで皇室に関係する女性たちの名前を見ると、近代では全員に「子」がついています。皇族の子女に「子」がつけられているだけでなく、お嫁入りする娘にも「子」がついています。

一説には天皇家を永続させるためには、「子」が必要だからという話も伝わっています。そういうこともあるかもしれません。

明治天皇の皇后、一条美子は元々壽栄《すえ》という名前でしたが、ご結婚に際して美子に改名しています。このとき従三位という位に叙《じょ》せられるので「子」になった、という説もあります。

実際、一二六代にわたる天皇家の皇后のお名前を調べてみると、たしかに「子」という名前が圧倒的に多いようです。

しかし呼び方となるといろいろで「こ、し、ね」の三種類が入り交じっています。近年は「こ」に定着していますが、これは第一〇一代称光《しょうこう》天皇の夫人、日野光子《みつこ》以後のことのようです。

このように一定しないのは、天皇家といえども、現在の一二六代まで来るには、さまざまな事件や戦いがあったからです。

いい換えれば「男子」を得るための女御《にょご》合戦、という側面もあったのです。

これは戦国時代の大名たちも同じでした。織田家も豊臣家も徳川家も、優秀な世継ぎを得ることに力を注ぎました。

それに勝ったのが徳川家であり、だからこそ、約三〇〇年もの長い幕府時代がつづいたのです。

どの家系も、正夫人だけでは家系がなかなかつづきませんでした。それは天皇家といえども同様です。

外国を見ても、たとえば中国の皇帝には皇后のほかに貴妃、淑妃、徳妃、賢妃が「夫人」となり、それだけでなく「九嬪《ひん》」が側にいたといいます。さらに合わせて一〇〇名以上が後宮にいたほどです。

それだけ、男子直系をつづけるのは、むずかしいということでしょう。

天皇が亡くなった夜、雷鳴が

天皇、皇后になられたからといって、東宮御所から皇居（当時は宮城《きゅうじょう》といった）にすぐ移り住むわけではありません。もともと昭和天皇と良子皇后は東宮時代には、赤坂離宮に住んでいました。

この赤坂離宮は現在、迎賓館《げいひんかん》赤坂離宮として、外国の要人を迎える館になっています。ベルサイユ宮殿を模したといわれる広壮雄麗《こうそうゆうれい》な宮殿で、現在正門前を歩くと、正面玄関を見ることができます。

テレビや写真で見た方も大勢いるでしょうが、それはすばらしく美しく、豪華です。観覧することも可能です。

東宮時代の昭和天皇は、

「この館はあまり豪奢《ごうしゃ》すぎて、日常生活には適さない」

と洩《も》らして、あまりお好きではなかった、と伝えられます。

しかし父の大正天皇が亡くなられたからといって、すぐ皇居に移り住むわけではありません。

当時は一年の喪《も》が明けてから、移り住むことになっていました。

大正天皇が危篤状態に陥ったのは、大正一五年（一九二六）一二月二六日でした。葉山のご用邸の中の附属邸の一室でした。

その日皇太子に従って病室を訪れた良子妃は、正門から入らずに、狭い通用門をお使いになる夫君に、疑問を持ったといわれます。

このとき侍従から、

「この附属邸はお父上の大正天皇がお建てになったものなので、正門をお使いになるのは、おもうさま（皇室用語の「父」）だけ、とおっしゃっているのです」

という言葉を知らされ、改めて父・天皇に対する皇太子の礼儀作法に驚いた、ということです。

この夜の深夜零時を過ぎると一二月二五日になりましたが、その日の午前一時二五分、ご臨終を迎えられました。

〈天皇崩スルトキハ　皇嗣《こうし》即《すなわ》チ践祚《せんそ》シ祖《そ》宗《そう》ノ神器《しんき》ヲ承《う》ク〉（旧皇室典範第十条）

つまり天皇が亡くなったときには、直ちに皇太子が天皇になり、皇位の御印《みしるし》である三種の神器を新天皇はお受けになる、と決められていたのです。

この夜はすさまじい稲光りが白雪のご用邸を明るく染め、雷鳴が響いた、と当日の記録にあります。ある意味では、激動の昭和の御代を暗示したような天候だった、といえるかもしれません。

そんな中で、大正天皇の侍従から昭和天皇の侍従に、「剣璽《けんじ》」は移っていったのでした。

念のためにいえば「三種の神器」といわれる「鏡、まが玉、剣《つるぎ》」のうち、本物の鏡は三重県の伊勢神宮、剣は愛知県の熱田神宮にあります。

この三種の神器が天皇侍従から皇太子侍従に移った瞬間に、良子皇太子妃は皇后の地位に昇ったのでした。

この瞬間にはまだ「昭和」とはなっていません。

しかし、廊下にはあわただしい気配が立ちこめ「お上、お上」と、わが夫を呼ぶ侍従たちの声に、ご自分の立場が大きく変わったことを良子妃は知ったのでした。

女児ばかりの出産に悩んだ皇后の父

良子妃が皇后になられて一年七ヵ月ほどたった昭和三年（一九二八）九月、両陛下は皇居に移りました。

喪も明けて、この年の一一月に即位の礼を行なうためにも、世界に国威を示すためにも、皇居でなければならなかったのです。

また当時の日本は、軍隊の力が強く、天皇決裁といっても、軍人が実質的に決めていた時代でした。

この年、新天皇は二七歳、皇后は二五歳の若さだったのです。

さまざまな意味で、天皇のご在所、当時の宮城に住まわれなければ、国威も発揚できません。しかしこのとき、新天皇としての即位の礼には、不穏な空気が流れていました。

中国の東北部、満州の地に関東軍が進出し、独断で張作霖《ちょうさくりん》というトップを、列車ごと爆破してしまったのです。皇居に移られる三ヵ月前のことでした。

これは日中戦争の発端となる大事件でした。

満州の地を日本のものにしようとする目論見でしたが、即位前の天皇にとっては衝撃でした。

この国の主でありながら、他国での侵入、侵略について、何も知らされてなかったのです。しかしそのことは、誰にも明かせない秘事でした。

それに、仮に事前に知らされたとしても、それは事後報告であり、この時期の天皇としては、どうにもできなかったでしょう。

実はこの時期に、皇后の父である久邇宮邦彦《くによし》王は、密かにこの状況に胸を痛めていたのでした。

久邇宮邦彦王は皇族であり、陸軍大将でもありました。

通常は「殿下」と呼ばれていましたが、昭和四年（一九二九）一月二七日、五七歳という若さで病没しています。

昭和天皇の即位の礼が執り行われたのが昭和三年（一九二八）の一一月でしたから、それからわずか二ヵ月後のことでした。

良子皇后はこのとき、成子内親王と祐子内親王の二人の女の子を産んでいました。ところが祐子内親王を、零歳で亡くしていたのです。父の邦彦王は女子の出産に非常に苦しんでいたといわれます。

皇統を継ぐ男子を出産しないことには、皇后としての役目が果たせないと、心に決めていたからです。

これは推測ですが、どうしても男子が生まれなければ、天皇に直訴しても、女御をお側に置いてくださるよう、お願いしたのではないでしょうか。

しかし、そもそも女御を置くことを廃止したのは、昭和天皇の父、大正天皇だったのです。

そのため昭和天皇は、仮にそういう直訴があったとしても、皇后お一人に決めていたと思うのです。

この邦彦王が熱海の別邸で、重態に陥ったのです。

庶民であれば、すぐにでも見舞いに行くところですが、皇后の地位ともなると、そうはいきません。

いまと違って、当時はお召し列車でないと、どこにも行きませんでした。

いまは一〇年近く、お召し列車は使われていませんが、山手線の原宿駅北側には、皇室専用ホームが現存しています。

軍部の強大化の時代に皇后の座

もっとも最近では、平成三一年（二〇一九）三月二六日に近鉄京都線京都駅から橿原《かしはら》線橿原神宮前駅まで六両編成で、さらに四月一七日には近鉄名古屋線名古屋駅―山田線宇治山田駅間で運転されています。

これは現在の上皇の天皇退位に際して、一連の儀式が行われたからで、神武天皇陵と伊勢神宮参拝の際に用いられたものです。

この例でもわかる通り、お召し列車の運行は、このような形が多いものです。関東の場合は、国賓として世界の王室の方々がいらっしゃった場合に、運行されるケースが目につきます。

それだけ天皇、皇后のご旅行は国民と一緒、という形になってきたようで、新幹線でご旅行の場合は、一両を借り切る形を取ります。新幹線を利用した場合はたとえ天皇・皇后がお乗りになっても、お召し列車とはいいません。

ところが昭和天皇の良子皇后が、父上の危篤に際して駆けつけたい、となったときは、そう簡単ではありませんでした。宮内省（戦前は庁ではなく省）では、お召し列車の運行には、相当時間がかかり、沿道の警戒だけでも大変だというのです。

このときは熱海の別邸で倒れたのですが、「皇后の御座所（お寝みになる場所）がない」というので、宮内省と岡本侍従の間で、はげしいやり取りがあった、といわれています。

結局、当時使われていなかったご用邸が熱海にあるので、そこの一室を仮御座所にする、と岡本侍従が決断し、二七日早朝、八時二五分の列車で熱海へと出発したのでした。

庶民であれば、肉身が危篤となれば、もっとも早く到着できる方法を考えて、すぐ行動に移せます。

しかし皇后ともなると、そうはいきません。一時は良子皇后も「父にはもう会えない」とあきらめたのではないでしょうか。

ただ、このときは岡本侍従の機転と決断で、わずかながらも、良子皇后は父上とお二人で話すことができたのです。

死の直前の会話の内容は、皇后付きの油小路《あぶらのこうじ》女官から密かに伝わっています。

父の邦彦王はこういわれたそうです。

「よろしいか。あなたは皇后というご身分の、重い責任をよくわきまえられ、陛下のお心に添うよう、おつとめにならなければなりません。これからのち、どんな苦難がお身の上にふりかかってくるかもしれないが、どこまでも陛下をご信頼して、お仕え申し上げますように」

これは「女性自身」連載の『実録皇后の肖像』の中の一節ですが、私はこのとき編集長でした。

また、邦彦王が亡くなったのは昭和四年（一九二九）ですが、昭和初期という時代を、私はよく知っています。

軍の力が強大化し、政府も軍のいう通りになりつつあったのです。

私自身、この二年先の昭和六年（一九三一）生まれでしたので、時局が暗く、圧迫された雰囲気になりつつあったことを、幼いながらも感じていました。

邦彦王はご自分が陸軍大将であったので、日本国の悪い部分の強大化が、ご心配だったと思われます。

一〇年目にしてお生まれの皇太子殿下

良子皇后にとって最大の悩みは、ご結婚後の九年間、男子にご縁がなかったことでした。

それまでは女の子宝に恵まれ、四人の内親王（一人早世）をご出産。その度に「今度は皇太子ではないか」と、期待しては落胆という状況でした。

現在であれば、早くから性別が判定できますが、当時は生まれるまでわかりません。それだけに昭和八年（一九三三）一二月二三日に男子ご誕生の折には、早朝だというのに、東京中にサイレンまで鳴り響いたほどでした。

「日の出だ、日の出に
鳴つた鳴つた、ポーオ、ポー、
サイレンサイレン、ランラン、チンゴン、
夜明けの鐘まで。……」

このとき私はまだ二歳と八ヵ月ほどでしたが、この歌を鮮明に覚えています。

恐らく、日本国中が皇太子の誕生を心待ちにしていたので、この歌が相当流行ったのでしょう。

それに花電車といって、市電（いまの都電）には、日の丸の旗や紙でつくった花が飾られてお祝いをしていたものでした。

なぜ、これほど皇室も民衆も男子を待ち望んだかというと、日本は諸外国と一触即発の危機にあったからでした。

もちろん昭和天皇には弟君として秩父宮、高松宮、三笠宮のお三人がいましたが、やはり直系の皇太子でないと、庶民は納得しないのかもしれません。

それほどまでに待たれた皇太子は明仁と名づけられ、戦時中であるというので、きびしく育てられました。一時は母・皇后の下から離されて、東宮傅《とうぐうのふ》という教育官に預けられたほどです。

この係官は平安朝の昔から決まっていて、大納言《だいなごん》クラスが兼任したこともあるそうです。

大納言は官庁の次官クラスです。それだけ大事な官職だったのです。

良子皇后はまったくの皇族、華族の家系でした。父は邦彦王であり、母は薩摩藩主・

公爵の島津忠義の娘です。

それだけに、非常におっとりしている一面と、一般庶民と相容れない貴族的な一面があり、ほとんどその言動はわかっていません。

怒った顔、悲しい顔もありませんし、天皇の大事なときの支え方もわかっていません。たとえば昭和二〇年（一九四五）八月一五日の「終戦の詔勅《しょうちょく》」放送の際の皇后は、どうであったのかも、伝わってきませんでした。

あるいは、天皇とマッカーサー元帥との面会の際の皇后のお気持ちもわかっていません。

その意味では古い皇室シンボルだった、ともいえそうです。

実際には、いかに皇室の伝統を守るかに一生を捧げた、ともいえるでしょう。

それは正田美智子さんの庶民性を天皇家に入れないよう、さまざまに画策したことでもわかります。

昭和天皇ご一家——左から孝宮さま、義宮さま、良子皇后（香淳皇后）、順宮さま、昭和天皇、皇太子さま（現・上皇）、照宮さま

神としての天皇に仕えた日々

現在では皇后というと、美智子皇后と雅子皇后のお二方のお名前が挙がりますが、近代でもっともご苦労の多かった方は良子皇后でしょう。

昭和元年（一九二六）一二月二五日、昭和天皇ご即位に伴ない皇后になられてから、昭和六四年（一九八九）、夫である昭和天皇が歿《ぼっ》するまでの約六二年間、むずかしい皇后の地位にあったのです。

その後、皇太后として、平成一二年（二〇〇〇）六月一六日にお亡くなりになるまで、九七歳という天寿を全うしています。

死後には、香淳皇后と追号されていました。

昭和天皇の誕生は明治三四年（一九〇一）です。奇しくも二十世紀のスタートの年でした。

これに対し香淳皇后の亡くなられた年は、二十世紀最後の二〇〇〇年です。まさにご夫婦で二十世紀を生き切ったことになります。いい換えると、二十世紀の一〇〇年をお二人で演出した、とも考えられます。

その意味で香淳皇后は戦前、戦中、戦後の三代を生き切ったことになります。別の表現でいえば、古い皇后、苦難の皇后、古さを守った皇后と、いえるかもしれません。

もう少し具体的にいうと、神としての天皇に仕えた時代、母としての苦難の時代、皇后の威厳を守る時代という、珍しい三つの時代の体験をもっています。

昭和二〇年（一九四五）までの日本は、神国日本であり、天皇は現人神《あらひとがみ》と呼ばれていました。

「この世に人間の姿で現れた神」を意味する言葉です。人間でありながら同時に神でもある、ということでしょう。

なぜそうなったかについては、むずかしい議論もありますが、米英と戦うとき、一神教であるキリスト教徒と戦うには、こちらも一神教にしないと、戦争に対する概念が、バラバラになりかねなかったからです。

そこで各宗教を、陸軍は縮小してしまったのです。

こうして、現人神である天皇を中心にして、東洋を制覇できる、と軍部は考えたのです。

これが死んでいく兵士の「天皇陛下万歳」という叫びに凝縮されていきました。

良子女王の父であった久邇宮邦彦王は、娘のこれからの苦労がわかっていたのでしょう。そうなると早く男子を出産しないと、名ばかりの皇后になる恐れもあるので、死ぬ直前に「早く親王のご出産を祈ります」という言葉を残した、という話も伝わっています。

昭和天皇は父の大正天皇と違って、実に真面目な性格でした。謹厳実直そのものでした。まさに神と思われる天皇だっただけに、いつかは皇太子となるべき男子が生まれる、と信じていたのかもしれません。

それだけに昭和八年（一九三三）一二月二三日に、現在の上皇がご誕生になられたときは、全国民が昭和天皇の偉大さに大よろこびしたものでした。

現人神に仕えた皇后としては、これによって歴代の皇后一二四人の中で、男子を出産した五〇人の皇后の中に加わったのでした。

母としての長かった苦難の時代

昭和天皇と香淳皇后の間には、二人の親王と、五人の内親王がお生まれになりました。

ところが五人の内親王（一人は早逝）のうち四人が先に誕生していったことで、世の中は騒然というか、「皇太子が誕生しなかったら、どうなるのだろう」と、国民の間では不安が襲っていたのです。

仮に親王が誕生しなかったら、昭和天皇の弟宮である秩父宮親王が、第一二五代天皇になっていたかもしれません。そうなったら、この秩父宮ご夫妻にはお子様が一人もいらっしゃらなかったので、天皇制を維持するのも、大変だったでしょう。

それは架空の話であって、良子皇后のすばらしさは、五人目の皇太子、六人目の義《よし》宮《のみや》（常陸宮正仁殿下）と、たてつづけに二人の男児を誕生させたのです。

さらに、昭和一四年（一九三九）、三五歳のときにもうお一人、貴子内親王（島津貴子さん）をお産みになりました。香淳皇后としては、大正天皇の貞明《ていめい》皇后の七人（うち男子は四人）に次いで、多くの宮様方をご出産になられたのです。

しかし本来なら幸せになるべきお子さま方は、敗戦という思いもしないきびしい結果になったことにより、非常に苦しい立場に立たされたのでした。

長女の成子《しげこ》内親王は東久邇宮盛厚《もりひろ》王とご結婚されましたが、学業は非常に優秀だったといわれます。

しかし花嫁修業のため、学習院高等科には進学せず、自ら掃除を一生懸命した、というエピソードも残っています。

敗戦は天皇家の長女の運命を大きく狂わせてしまいます。皇族としての財産はまったくなくなり、戦後は内職をしたり、人目を忍んで特売日に商店街まで、買い出しに行くほどでした。

ともかく家計を維持しなければなりませんでした。このとき創刊まもない「美しい暮しの手帖」に「やりくりの記」を書いて、大きな反響を呼びました。

私はその後「女性自身」の編集部にあったとき、取材をさせていただき、ほんの少しですが取材費として、成子さまにお渡ししたことがあります。それに対して、ご丁寧なお礼のお手紙をいただいたほどです。

鷹司《たかつかさ》和子さまもまた、大きな苦労を背負ってしまいます。ご結婚は昭和二五年（一九五〇）でしたが、お相手は明治神宮宮司の長男、サラリーマンの鷹司平通《としみち》氏でした。

戦後初めての天皇家のご結婚であり、それもサラリーマンに嫁ぐというので、大きな話題になりました。しかしこの平通氏は、銀座のママ宅で一酸化炭素中毒となり、亡くなってしまったのです。

さらに昭和四三年（一九六八）には、和子さまの自宅に強盗が侵入しました。

このときは自分一人で強盗に立ち向かい、玄関から逃げることができたのですが、母の皇后も天皇も、不幸のつづく独り暮らしの娘の身の上を案じて、赤坂ご用地内に居を移すよう、取り計らいました。

母・皇后の悩みはなかなかなくなりませんでした。

「戦争犯罪人」と呼ばれた戦後の天皇

敗戦後の天皇・皇后両陛下のご苦労は、この娘たちの情況からしても、わかります。

日本は「終戦」という言葉を使ったものの、実質は無条件降伏でした。

昭和二〇年（一九四五）八月一五日をもって、日本国も皇室も、マッカーサー総司令官のいうままに動かなくてはなりませんでした。

天皇は連合軍の総司令官、マッカーサー元帥を訪ねたのです。終戦宣言からわずか一ヵ月半、九月二七日午前一〇時のことでした。

アメリカ大使公邸では、マッカーサー元帥は戦勝国の支配者として、玄関まで迎えに出ませんでした。

しかし、これを無礼、非礼といえる立場ではありませんでした。

天皇は「全責任は自分にある」という一言を伝えるために、訪問を急いだのでした。天皇の心の中には「全責任は自分」という覚悟があったので「自分の家族のことを幸せにする」ことは考えていなかった、といえば嘘になるでしょうが、全国民の幸せを優先していることは、誰が見ても明らかでした。

ともかく大陸から続々と帰還する兵士や日本人の家族は、着のみ着のままで逃れてきた人ばかりでした。それに戦傷兵士も大勢加わっていました。

「朕《ちん》はタラフク食ってるぞ　ナンジ人民飢えて死ね」

というプラカードが立ったのは、敗戦翌年の昭和二一年（一九四六）五月一九日の食糧メーデーでした。

日本共産党員が掲げたものでしたが、これはさすがに不敬罪に問われました。ただ、不敬罪は敗戦後、昭和二二年（一九四七）の刑法改正でなくなったということで、罪名は名誉毀損罪《めいよきそん》となったのですが、これも日本国憲法公布に伴なう大赦《たいしゃ》で免訴になっています。

戦後すぐの日本社会は、このように殺伐《さつばつ》とした情況でした。「昭和天皇こそ戦争犯罪人である」という論は、連合軍側ではなく、共産党を中心とする左派の日本人によって、強く主張されていたのです。

戦後、皇后という存在がクローズアップされるのは、美智子妃の登場まで待たなくてはなりません。

いろいろな資料を調べても、良子皇后の肉声はほとんど出てきません。

この時代までは夫唱《ふしょう》婦随《ふずい》がふつうだったのでしょう。仮に皇后が世間に対して何かいいたくても、宮内省がそれを止めたでしょう。

戦後社会は天皇を戦争犯罪人呼ばわりして、それが通っていました。

これが収まったのは昭和二二年（一九四七）五月三日以後だといわれます。この日、新憲法施行によって宮内省は宮内府（二年後に宮内庁）となり、天皇の地位も固まり、新しい日本の再建がスタート台に立ったのです。

しかし皇后の肉声は、ほとんど庶民には聞こえてきませんでした。

若い人々には、新しい社会は希望に溢れたものでしたが、これが実現するのは昭和三〇年（一九五五）以後になってからでした。

昭和三一年（一九五六）、当時の経済企画庁の出したこの年の「経済白書」に「もはや戦後ではない」という言葉が使われたのです。

この二年前、当時皇太子だった現上皇陛下は、英国に天皇の名代として渡ったのでした。

昭和天皇のお子様は全員学習院へ

戦後の昭和天皇は、終戦翌年の昭和二一年（一九四六）から昭和二九年（一九五四）の八年間、虚脱状態にあった国民を慰め、励ますため、全国を巡幸しました。一日平均約二〇〇キロの強行軍でした。

天皇は二十世紀のスタートの年のご誕生ですから、四五歳から五三歳の時期に当たります。

いまより平均寿命の短い時代です。それは天皇といえども変わりません。

それだけに酷暑のとき、厳寒の時期の旅は、大変だったと思われます。

このとき、天皇から声をかけられた人たちが大勢います。

一人ひとりの生活を、本当に心配していたのです。

「生活は苦しくないか」

「何年勤めているか」

「がんばってください」

これに対して、質問された側が緊張してぎこちなく答えると、天皇は「あっ、そう」といいながら、言葉を探したものです。

この「あっ、そう」が、やがて流行語になるのですが、天皇の几帳面さを表す言葉として、親しまれていったのでした。

この時期の皇后は、二男四女のお子さま方の面倒を見るだけでも、大変だったと思われます。

前に書いたように、内親王だった娘たちの結婚は、なかなか大変でした。

庶民として生活するようには、まったく教育も躾《しつけ》もされていなかったのです。

また妻としては、夫に生活を委ねているので、すべてにおいて、頼らなければなりませんでした。

しかしその中にあって、そろそろ皇太子明仁殿下の年齢が、結婚してもよい時期に近づいてきたのでした。

昭和天皇のご一家は、全員、学習院に通っています。

学習院はかつて旧宮内省所管の官立学校でした。昭和二二年（一九四七）に宮内省令が廃止されて、財団法人学習院になったのです（現在は学校法人）。

これでわかるのは、もともと天皇家を含む皇族、公家、華族の子女のために、この学習院は設置された学校だったということです。

ところがこれらの人々の中には、もっと別の学校に行きたい、あの大学に行って研究したい、という子女がふえて当然です。

しかし天皇家を継ぐ立場の家系だけは、それを我慢しなくてはなりませんでした。

昭和天皇と皇后は、それを律儀に守りました。その意味で香淳皇后は、骨の髄から皇族なのです。

ご自分の腹を痛めた六人の子どもは全員、皇族、華族のために設置された学習院で学ばせています。

この考え方を大事にしたのが、常磐会のメンバーです。常磐会とは学習院女子中・高等科卒業生の同窓会です。戦後新設された学習院女子短大（現・学習院女子大学）や学習院大学だけの卒業生の入会は認められていません。

香淳皇后が総裁でした。正田美智子さんが皇太子明仁殿下の花嫁候補になったとき、正面から反対意見を出したのが、この常磐会だったのです。

土下座して天皇を伏し拝む国民を見て

昭和天皇の全国巡幸は、敗戦に打ちひしがれていた日本国民に、大きな希望を与えると同時に、マッカーサー元師の心境にも大きな変化をもたらしました。

それまでの米国議会では、天皇に戦争責任を取らせて、退位させせよう。場合によっては天皇制そのものを廃止させよう、と考えていました。

マッカーサー元帥は戦勝国の支配者として、日本に進駐して以後、この問題を考えつづけていたといわれます。まさにこの時期の天皇の運命と、天皇制の行方《ゆくえ》は、マッカーサーの手の中にあったのです。

いくつかの資料によると「天皇制を継続したほうが、日本の民主化のためによい」と考えた大きな理由の中に、この時期の天皇の全国巡幸があった、といわれます。

敗戦の翌年からこの巡幸は行われたものですが、ふつうに考えると、戦争に敗けた総責任者である天皇は、国民から石を投げられて当たり前でした。

マッカーサー元帥もそう考えたかどうかは別として、幕僚たちの中には、当然そう思った人たちがいたはずです。なにしろ、父や子を失い、さらに日本の多くの都市は焼失し、全体としては約三〇〇万人が、この戦争で死んでいったのです。

その戦争の張本人が全国を回るのですから、怒号と怒りの中で、天皇は立ち往生しても、何ら不思議ではありませんでした。

ところが案に相違して、国民たちは土下座して天皇を伏し拝み、涙を流してそのご無事をよろこんだのです。古今東西の歴史で、マッカーサーとその幕僚たちは、このような君主を初めて知ったのでした。

この事実によって、マッカーサー元帥は「天皇制存続による民主化」をトルーマン大統領に進言したといわれます。

この時期の昭和天皇は無私の心境で全国を訪問されたのでしょうが、これにより天皇の系譜を、第一二四代で終わらせることなく、継続させることができたのです。

またこの頃、皇太子明仁親王（現・上皇）も単身、司令部のあった第一生命ビルにマッカーサー元帥を訪れ、好印象を残しています。

明仁殿下は、次代の天皇にふさわしい行動を取った、ということでしょう。

良子皇后としては、わが子のすぐれた行動を、目を細めて見ていたのではないでしょうか？

しかしこの時期、天皇制が確保されるとわかった頃から、少しずつ旧勢力ともいうべき華族、貴族たちの力が復活しはじめたのです。

いわゆる常磐会は、その急先鋒となり、来たるべき皇太子妃選定の際の候補者をさがしはじめたのです。

皇太子妃は学習院出身者でなければならず、また皇族、華族の中から選ぶのが当然、という確固たる信念があったのです。

皇后の名を穢《けが》してはならない責任

香淳皇后は、最後の最後まで、一般市民出身の美智子さまの皇室入りを拒否していました。

それは一見すると、美智子さまが嫌いだったように見えますが、そればかりではなかったのではないか、と思っています。

昭和二二年（一九四七）に施行された「皇室典範」によると、皇后の順位は、皇族の中では天皇の次、皇族中の第一位になっています。

皇太后より上ですし、皇太子よりも上位なのです。

このことは何を意味するのでしょうか？

いまの状況ではありえないことでしょうが、女帝になることもありうる、ということなのです。

それは千数百年にわたる歴代皇后の史実をよくご存知の香淳皇后にとって「よくないこと」だったのでしょう。

かりに美智子さまに皇子が生まれなければ、一体どうなるか。

いまと違い、平民と貴族の差がまだ、明らかに異なる昭和二〇～三〇年代では、この皇后のご心配は当然だったように思います。

もちろん女帝になったからといって、悪いことはないでしょう。

日本語のすばらしさはひらがなにある、といわれていますが、皇室は「まつりごと」をする立場です。

このまつりごとには政事と祭事の二種類があります。近代日本はこの二つを区別していましたが、昭和天皇は大元帥陛下でした。

これが敗戦時に連合軍によって問題にされ、「天皇に戦争責任はある」という人たちも大勢いました。

二つの「まつりごと」を統括していると思われたのです。

香淳皇后は、自分の夫が危うく死刑を免れた経験をしただけに「最終責任者」が有する「大権」というものを、学者たちからじっくり、聞かされていたのではないでしょうか？

恐らく近代の皇后の中で、香淳皇后ほど歴代皇后の事跡を学んだ方はいらっしゃらないのではないか、と思うのです。

その辺の家のおばさんとは、天と地ほど隔絶した天皇家であり、皇后なのです。香淳皇后が「あの人嫌い！」というわけがありません。

千数百年にわたって、連綿と継承されてきた皇后というものの地位を、自分が穢してはいけない。

この一心だったのではないでしょうか？

もちろん後ろには、保守系の貴族や学者たちがいたに違いありません。

あるいは皇族や華族に出入りしていた業者も、権利を確保するために、後押ししていたと考えられます。

それはこの際、外して考えましょう。

民間から一人でも皇后が誕生したならば、そのあとは何人でも、民間人が皇后になる可能性が高まるのです。

いや、皇后にかぎらず、民間から嫁入りしてくるということは、どういう立場の男女が天皇、皇后になるかわかりません。

華族であれば、血筋はすぐ判明します。

ところが庶民になると、まったくわかりません。

実際、東宮御教育常時参与として皇太子明仁親王の教育責任者だった小泉信三博士

（元・慶應義塾大学塾長）は、それこそ正田家の家系を三〇〇年、さかのぼって調査したといっています。

それが天皇家というものの存在価値なのかもしれません。

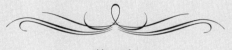

第2章

美智子皇后

世間も皇室のあり方も変えた
史上初の市民出の皇后

皇太子と常磐会の間に生じた花嫁選びの溝

皇太子明仁殿下（現・上皇）の花嫁候補者さがしがいつ頃からスタートしたかについては、正確な記述はありません。

しかしそれは当然で、妃殿下さがしは元々、極秘な話だからです。

ただ皇太子が天皇の名代で、女王エリザベス二世の英国王載冠式にご出席になった頃からではないか、と思われます。

そのとき、皇太子は十九歳でした。この皇太子の堂々たるお姿をごらんになった皇后と、その側近の常磐会幹部たちが、将来の花嫁候補の話を持ち出したとしても、不思議ではありません。

それに、このとき皇太子はまだ学習院大学の学生でしたが、この外遊により単位不足ということで、進級できませんでした。

学習院々長の安倍能成《よししげ》は皇太子の処遇を何とかしたいと考えたのですが、大学には左翼学生もいて「特別待遇反対！」を唱えていました。

それもあって、皇太子は一級下の学級に行くことを頷かず、自らの意志で、中途退学したのです。

この事件は、初めて示した皇太子自らの意志でした。これにより、皇太子は大人の仲間入りをした、といっていいかもしれません。

というよりも、皇太子は一見柔和に見えるので、「決断が鈍いのではないか」とも思われていたのですが、この一件で決然たる意志を示したことで、周囲に非常によい結果をもたらしたのです。

後年、皇太子は正田美智子さまとご結婚されたとき、周囲からさまざまな悪口をいわれ、非常に困ったことがあります。

このとき私は光文社で「女性自身」の編集長をしていましたが、皇太子の友人を介して、「女性自身」誌上で、「ご自身のご意見を述べていただけないか」とお願いしたことがあります。

天皇も皇太子も、それまでは、特定の新聞や雑誌に肉声を載せたことがありませんでした。

宮内庁がそのことを知れば「とんでもないこと」と、大騒ぎになったことでしょう。しかし皇太子はしっかり考えた末、私の願いを聞き入れ、初めてご自身の考えを誌上で述べられたのです。

このとき私は、実に意志の強いお方だ、とただただ感動したものですが、これはお血筋だと思ったものです。

皇太子のお妃選びは昭和天皇、良子皇后にとって、大きな楽しみだったでしょう。ところが思いがけないことに、皇太子ご自身とご父母陛下の間で、抜き差しならぬ状態に陥ってしまったのです。

それは特に、皇后を中心とする常磐会では「お妃を選ぶのは私たち」という思いでいたのに対し、皇太子は「自分自身が好きな女性を選ぶ」ということで、大きな溝ができてしまったのです。

このときから良子皇后は、何回も陛下に対し「皇太子はまだ若いので『皇后に任せなさい』と、おっしゃっていただけませんか」といった意味のお願いをしていた、という話があります。

それは母親として当然でしょう。

わが子は将来、天皇になるべき大事なお身体であるだけに、おかしな身分の女性と恋愛してからでは遅い、と思ったからです。

この「おかしな身分」とは、一般市民を指します。

これは私たち一般市民からするとそれこそおかしな話ですが、よく話を聞くと、古くからつながっている親族でないので、怖いということです。とくに女性たちにとっては、知り合った仲間からであれば安心なのです。

ところが昭和天皇は、うむうむ、と頷くだけで、はっきりした会話は成り立たなかったようです。

恐らく昭和天皇は開かれた皇室を目指していたと思われます。

昭和天皇は「皇太子の心に任すべきだ」と考えていたに違いありません。実にすぐれたお心でした。

皇后によって培われる家風

昭和天皇ご夫妻は、ご即位以来、気の休まる日のなかったほど公私に多忙であり、激動のご生涯でした。

それでありながら、ご夫妻としてのお二人のイメージは、定かではありません。皇后は天皇を「お上《かみ》」と呼び、天皇は「良宮《ながのみや》」と呼んでいたといわれます。

これで見ると、ご夫妻でありながら、常に公的なものが感じられます。

これは一般市民に似たものがあり、男たちは家に帰ってきても、仕事を忘れない一面があるものです。

「実は娘のことですが……」

「うむ、きみに任せるから頼む」

こういう一般家庭が多いのではないでしょうか？

反対に見ると、このほうがうまくいくような気もします。

昭和天皇は社会の変化に先行して、知人や考え方を切り換えていったのですが、皇后は長年、つき合ってきている友人や仲間を、変えられるわけではありません。いや、宮中に新しい女性の友人など、入れるわけがありませんでした。

ここに天皇と皇后の、皇居内でのルールがあります。

昭和天皇と良子皇后は、お二人が皇居で揃っているときには、必ずお二人で食事します。ここに他の友人や仲間が交じることはなかったといわれます。

これに対して美智子皇后は、午後九時になると、毎晩ご家族が一室に集まり、その日一日の話題を出し合ったのです。

これは皇室に持ち込んだ新しいルールで、小さいように見えますが、ファミリーの大切さを教えています。

これは私のまったくの推測ですが、昭和天皇は神から人間に戻られたことにより、皇室のあり方を新しく開かれたものにしたい、とお考えになっていたように思います。

もちろん、それだけの情報や考え方を伝えてくる友人や側近、学者、政府関係者が多かったこともありますが、それを受け入れるだけの度量と力がおありだったと思うのです。

しかし、それは自分の代にはできません。そこで皇太子に任せようとしたのではないでしょうか？

昭和天皇と良子皇后は、少ない回数ですが、三回外遊されています。

第一回目は皇太子時代の大正一〇年（一九二一）でした。

丁度二〇歳のときで、これは現上皇が一九歳のとき、エリザベス女王載冠式に出席されたのとそっくりです。

また第三回目は、当時のフォード大統領の招待で、二週間の公式米国訪問をされています。香淳皇后もご一緒でした。昭和五〇年（一九七五）のことでした。

昭和天皇は二十世紀初頭のお生まれですから、このとき七四歳の高齢でした。皇后も二歳下の七二歳です。

このときのご訪米でお二人は、ご自分たちの進んできた道に間違いはなかったことを、実感したに違いありません。特に天皇はご自分で拓《ひら》かれた道だけに、日本国と皇室の在り方に、ある程度満足されたのではないでしょうか。

世間を熱狂させたミッチーブーム

日本中が美智子皇后ことミッチーブームに沸き立ったのは、昭和三三年（一九五八）

～昭和三四年（一九五九）のことでした。一般人である正田美智子さんが、皇太子と軽井沢のテニス場で恋をして、結ばれたのです。

世界の王室でも例を見ないロマンスだっただけに、まだ戦争の傷が癒えない人々の胸に、あたたかい灯を点した感じでした。

それまでの皇室は、世界大戦での敗戦国になったため、昭和天皇・皇后はどちらかというと暗い日々を送っていました。

まちがいなく美智子さまは、テニス場に降り立った鶴か白鳥だったのです。

日本という国にとって幸運だったのは、昭和三一年（一九五六）に「文藝春秋」二月号で「もはや戦後ではない」というキャッチフレーズが出て、新しい日本を、さあこれから築いていこう！　という時期に当たっていたことです。

皇室が明るくなれば、日本の社会全体も明るくなります。

それに、美智子さまのすばらしい点は、単に一人の女性のロマンスだけで終わらせなかったところです。

美智子さまは皇室の旧習を少しずつ変えていくと共に、世界の中での日本の地位も上げていった点もあります。

それに皇后としての最大のお務めである、次代の天皇を産み育てた、それも、りっぱな天皇にお育てになった、という点も高く評価されなければなりません。

たしかにミッチーブームはご成婚と共に終わったように見えますが、それは「テニス場の恋」によって起こった第一次ブームです。その後、ファッションでもミッチーブームを起こしましたし、「ナルちゃん憲法」によって育児の分野でもブームを起こしています。

その意味で、美智子皇后約三一年間の時代は、歴代一二五代の皇后の中でも、ひと際光り輝くもの、といっていいでしょう。

もちろん歴代皇后の中には、第一四代仲哀《ちゅうあい》天皇の皇后・神功《じんぐう》皇后や、第六六代一条天皇の皇后・藤原定子《ていし》、第一二二代明治天皇の皇后・一条美子《はるこ》といった抜きん出た力を発揮した女性もいます。

神功皇后は亡くなった夫・天皇の代わりになって国を治め、男装で戦った男勝りの女性だったとされています。

藤原定子は文才の高い清少納言らを引きつけた、人間の魅力をもった皇后として有名です。

明治天皇の皇后だった一条美子（昭憲皇太后）は古い時代を切り離し、養蚕《ようさん》、女子教育、近代文化を発展させた名皇后でした。

こういった歴史上に名を残した皇后たちに、勝るとも劣らぬ力を示したのが美智子皇后です。

恐らく美智子皇后は、三〇年、五〇年、一〇〇年と年月を加えていくに従って、益々《ますます》光り輝いていく皇后ではないかと思います。

そればかりではありません。

諸外国の王室を見回してみても、美智子皇后に匹敵するような国王のお妃はいないでしょう。

私たちはもっと、美智子皇后の事跡を高く評価していいのではないでしょうか？

美智子さまで週刊誌が続々刊行

戦後の皇室のご発展に女性週刊誌がからんでいるといったら、不遜《ふそん》でしょうか？　私は皇室のあり方と、大きく関わっていると思うのです。

皇室にもある程度のプライバシーがあります。

時にその聖域に土足《どそく》のまま入っていったこともありますが、大きく見ると、女性週刊誌、中でも私の関わった「女性自身」の存在は、マイナスではなかったと思います。

というのも、正田美智子さまが皇太子妃としてクローズアップされた時期と、日本で週刊誌が誕生し始めた時期とは、ほぼ重なっています。

いいや、皇太子妃の報道合戦が新聞で始まる、というニュースを耳にして、ほぼそれに合わせた形で、各出版社が週刊誌を準備しはじめた、というのが正しいかもしれません。

正しくいうと、新聞社系列ではない出版社が創刊した中で、日本で一番早かった週刊誌は「週刊新潮」で昭和三一年（一九五六）二月の創刊です。

つづいて約一年後の昭和三二年（一九五七）三月に「週刊女性」が河出書房から出ましたが、河出書房の休眠で、八月から主婦と生活社に移っています。

そのあとに集英社の「週刊明星」が出ています。

四冊目が、私の編集した「女性自身」でした。昭和三三年（一九五八）一二月の創刊です。

そして五冊目以下が昭和三四年（一九五九）の三月以降で、「週刊平凡」「週刊現代」「週刊文春」とつづきました。

ここで注目されるのが、昭和三三年（一九五八）から昭和三四年（一九五九）の四月にかけて、大量に週刊誌が発行されている点です。

一つには大部数の高速印刷が可能になったことが挙げられますが、もう一つが皇太子明仁親王と正田美智子さまが、昭和三四年（一九五九）四月一〇日にご成婚されたからです。いわゆる「ミッチーブーム」が最高潮に達した瞬間でした。

ところがその当時、「女性自身」創刊号は返品率が五〇パーセント以上という、惨憺《さんたん》たる売れ行きでした。

その理由は、ミッチーブームに乗らなかったからでした。そこであわてた社の幹部は、私を「女性自身」のデスクとして急きょ、起用したのです。

私はそれまで光文社の小説雑誌の編集者で、主として芥川賞作家の松本清張先生を担当していました。そして「女性自身」での初仕事が、四月一〇日のご成婚だったのです。

私が皇室と接点をもつようになる記念すべき日、といってもいいくらいでした。

もちろんこの号は完売となり、その後「女性自身」は皇室記事で部数を伸ばしていると、いわれるようになっていくのです。

宮内庁では、皇室に関する記事が、小さくでも出たら、丁寧に検証します。それまでは主として新聞がその対象でした。

新聞社には、それぞれの省庁に記者クラブが置かれており、逆にいうと、おかしな記事や写真は掲載されません。お互いに監視し合っているような、一種の仲良しクラブを形成しているからです。

ところが週刊誌はそこには入れません。

こちらは日本雑誌協会に所属して活動するのですが、新聞と違って、特ダネ、特オチはないので、自由に活動できたのです。

皇室のご用達雑誌の編集長

私が編集長になって間もない頃、アメリカ東海岸への出張仕事が入りました。

この頃は一ドル三六〇円という時代で、それも大蔵省（当時）の許可がなければ、ドルに換えてもらえないのです。

まだ輸出が少なかったので、いかに外貨が重要だったか、ということですが、無事に仕事を終えて、ハワイに到着したときです。

この頃の飛行機は、まだ太平洋を無着陸で飛べず、ハワイで給油するため一泊して、羽田に帰るという日程だったのです。

私は単身でしたし、ホテルも予約してあるので、のんびりできるくらいのつもりで、降りたのですが、何とそこに、

「東京に帰るサクライさんはいませんか？」

と、たどたどしい日本語で叫んでいる男がいるではありませんか！

「私も櫻井ですが、下の名前は何といいますか？」

「ヒデノーリといいます」

「それなら私ですが、何か？」

私は東京から急な連絡が入ったのかと思い、少しあわてたのですが、そうではあり

ませんでした。

というより、思いがけない話だったのです。

その男は現地の「布哇《ハワイ》タイムス」という新聞社の社員で「今夜、社長のお宅で皇室の講演をしてください」というではありませんか。

「それにしても私がこの便に乗っているって、よくわかりましたね」

「それは新聞社ですから、わかります」

と、笑顔でたどたどしい日本語をしゃべるのです。

彼のいうところを要約すると、ハワイの日本人はまだ一世が残っており、彼らはもともと皇室への尊崇《そんすう》の念が強く、そこに美智子妃ブームが日本と同じように起こっているというのです。

「あなたは〝皇室ご用達〟の雑誌の編集長です」

と、どうも本気で皇室に依頼されて、「女性自身」は毎週皇室の動静を伝えていると思っているようでした。

それはともかく、夜の八時に社長邸に入ると、何と五〇人以上の日本人男女が、ぎっしり集まっているではありませんか！

それも全員が大人で、子どもは一人もいません。年を取った女性たちは、私に手を合わせて拝むのです。

あとで邸内を案内していただいてわかったのですが、子どもたちは一部屋に集められて、遊んで待っているではありませんか！　赤ちゃんは、比較的大きな女の子があやしていました。

この夜は遅くまで引き留められて、質問攻めにあったのです。

それまで毎週毎週、皇太子ご一家の動静を報じるのに、やや、じくじたるものがあったのですが、この夜で私の考えは大きく変わったのです。

日本を離れて、ここハワイの地に骨を埋めようと決意した人々のためにも、私は編集長であるかぎり、皇室のニュースを毎号伝えつづけようと決意したのです。

その日から私は、「皇室ご用達雑誌の編集長」と呼ばれるのを、誇りに思うようになったのです。

美智子さまの味方は女性週刊誌

「女性自身」の取材は徹底していました。

美智子さまがまだ皇太子妃になるためのお妃教育を受けているときは、毎日毎日、同じカメラマンが、宮内庁分室までの往復を付き添っていたほどです。

それも美智子さまが緊張しないように、ほぼ年齢の同じ女性カメラマンが起用されました。

うちらより　かがやきていて　もの学ぶ　をとめみづみづし　一途《いちづ》なる面《おも》

これは、美智子妃のお歌を指導した歌人の五島美代子が、内側から輝く美智子さまのこの頃の姿を歌ったものです。

ふつうであれば、宮内庁側の用意した宮中作法、礼儀作法、和歌などで勉強時間がいっぱいになるところを、このときの美智子さまは、さらに「英語とフランス語の時間も加えていただきたい」と申し出たほどの勉強家でした。

実はこのとき、美智子さまを強烈に排除しようとした、松平信子という華族で、学習院常磐会々長の女性が、礼儀作法を教えています。

松平はのちに、

「だから一般の方では困るのよ。宮中の礼儀をお知りにならないのだから」

と、いかにも一般人は困ったものだ、というふうに、大勢のマスコミの前で語ったことがありましたが、ともかく学習院出身でないことが、とことん許せなかったのでしょう。

それに美智子さまは、カソリック系の聖心女子大学の出身でした。

神道と皇室は切っても切れない関係にあるので、カソリックを学んだ人が天皇家に入ることは許されないことだ、という論理でした。

しかし正田家はキリスト教徒ではありません。昭和天皇の良子皇后も、一般市民の娘である正田美智子さまには、いい思いを抱いていませんでした。

いわば学習院派は、みんな家柄も人柄も続柄もわかっている間柄であり、明治維新以来、一緒に団結していた同士でもあったのでしょう。

美智子さまは、その中に一人だけ降り立った鳩のような状態だった、と形容した皇室評論家がいましたが、的確に表しています。

これに対して美智子さまの味方は、マスコミ、中でも女性週刊誌だったのです。

当初は「週刊誌など紙の屑《くず》、人の屑」といっていた常磐会でしたが、その常磐会の大多数のメンバーは、毎週美智子さまの情報を、貪《むさぼ》るように読みはじめたのです。

もちろん松平信子は常磐会々長であり、東宮（皇太子）のご教育係だったので、誰一人、この人に反旗を翻《ひるがえ》す人はいませんでしたが、次第に美智子さまのお人柄に惹かれる人たちがふえていったのです。

これを側面から援助したのが、女性週刊誌だったのです。

私は何度となく松平信子さんに取材を申し込みました。

ただ、彼女にしてみれば「週刊誌など汚らわしい」存在だったのでしょう。まったく受け付けようとしませんでした。

彼女にしても堂々と週刊誌の記事に「美智子さま反対！」とはいえません。それこそ全国民を敵に回してしまうかもしれないからです。

母の正田富美子さんに呼ばれて

昭和三九年（一九六四）頃だったと記憶しています。

私はたった一回だけ、美智子妃殿下時代に、妃殿下の母上の正田富美子さんと会っています。

それも私からインタビューを申し入れたわけでもないのに、取材記者を通して私に「○月×日にいらっしゃいませんか」というお誘いがあったのです。

美智子さまが五反田の正田家からお嫁入りしたのは、昭和三四年（一九五九）四月一〇日の午前六時のことでした。

それ以後、正田家の周囲は静かになったといわれていました。

それはそうでしょう。それまでは、ひっきりなしにマスコミの車が正田邸の周囲を走り回っていたのです。

いまの車であれば、どんな坂道でも音もなく上がっていけますが、その当時の車は坂を上がるときに、相当な騒音が出たものでした。

私が富美子さんにお目にかかるのは、初めてだったのです。本来であれば、あちらから週刊誌の編集長に会いたいなど、いってくるはずがないのですが、「女性自身」は正田家と特に親しい間柄になっていました。

また私にはなぜ富美子さんが「会いたい」といってきたか、ほぼわかっていました。それというのも、一年ほど前から、美智子妃がノイローゼ状態になっていたからでした。

昭和三八年（一九六三）三月、美智子妃は流産をしたのです。

その原因は胞状奇胎《ほうじょうきたい》という珍しい病気でした。この流産以後、美智子妃は一種のノイローゼになってしまったのです。

このときマスコミには、胞状奇胎は実は胞状鬼胎《きたい》といって、美智子妃は皇室に鬼をもってきた、という怪文書が出回ったのです。

これがどこから出たものかはわかりません。

しかしこれにより、美智子妃は葉山ご用邸や千ヶ滝プリンスホテルに籠《こも》られて、誰とも一切会わなくなってしまったのです。

その騒ぎのあとだったので、何か私に頼み事があるのだな、と考えました。

正田邸は現在「ねむの木の庭」という区立の公園になっていますが、当時は日清製粉社長宅として、非常に大きなものでした。

一階には、応接間が大小二つありました。

私の通されたのは小さいほうで、その部屋で富美子さんは、私ににじり寄るように近づいて、興奮して話しはじめたのです。

「今日はここまでしか話せませんでしたが、ほんとはまだまだいっぱいあるの。私が死ぬときには、櫻井さんに全部話しますからね。また聞いてくださいね」

前以って「今日は入ってこないで」とお手伝いさんにいってあったようで、相当長い時間、誰もこの部屋に入ってきませんでした。

話の内容は私の考え通り、流産とその以後のいじめについてでしたが、ここでは書けないほど生々しいもので、まさに元皇族、華族夫人たちの総攻撃という有りさまでした。

私はこのときまだ三三歳という若い編集長でしたが、その若輩に秘密を打ち明けた富美子さんは、もう精神的にギリギリだったのだろうと、私は帰りの車の中で考えたのでした。

古い皇室を変えるご苦労

どこの家庭でも父母の築いた家風と、息子と嫁の築いた家庭とでは、大きな違いがあります。

しかし天皇家では、昭和天皇と良子皇后までは、明治からあまり大きな違いはなかった、といえそうです。

明治天皇、大正天皇、昭和天皇の三代は、近代化日本を目指して海外進出に賭けました。

大国になるために、外国と戦うことを厭《いと》わなかった、という点で相似点があります。従って皇后は、国内を治め、特に女性の育成に力を貸しています。わかりやすいえば、夫唱婦随を実行したといえるでしょう。

ところが平成、令和の御代となると、この天皇家に大きな変化が起こったのです。国内、国外での戦いのまったくない天皇が、二代にわたってつづきそうな気配があるからです。

現・上皇は幼少時に戦争の悲惨さを体験しましたが、ご自分の代では戦争のなかった、珍しい天皇といえるでしょう。そして令和の御代になった現在、現天皇はまったく戦争というものを知りません。

これによって初めて、内政だけに集中できる天皇・皇后になるかもしれません。また上皇・上皇后のように、古い皇族、華族とのトラブルに悩まされることもないでしょう。

その意味で美智子上皇后と雅子皇后は、新しい日本女性たちのリーダーになりやすくなったのです。

そうなるために皇后時代の美智子さまは、本当に苦労された、といえるでしょう。古い魔物は自分から滅んでいかないかぎり、退治することは不可能でした。

なぜならこちらは美智子さまお一人に対し、常磐会のメンバーだけでも、約八〇〇人いたのです。

皇太子（現上皇）一人が味方では不可能に近かったのです。

天皇家を巡る人脈図をつくれば、古きを守る人々はまだまだふえていきそうです。

とはいえ、古い世代は時間と共に、少なくなっていきます。世の中というのは、時間と共に新しくなっていくものです。

そしてここが大事ですが、皇后が活躍するためには、天皇が聡明でなければなりません。

日本国にとって幸いだったのは、平成、令和時代を治める二人の天皇が、非常に聡明であり、その上に進取、革新的な性格をもっていることです。

ここに皇太子妃時代の美智子さまの新しい教育の成功があったのです。

通称「ナルちゃん憲法」がそれです。美智子妃は長男・徳仁《なるひと》親王がお生まれになったとき、自分の手で育てようと決意されました。

慣例を破ってご自分たちで育児

それまでの天皇家では、男子が生まれると、傅育係が育てることになっていました。傅育係になるのは退役将軍の家庭か、爵位をもつ家庭で、特に皇太子は幼い頃からきびしく育てられるのでした。

しかし美智子妃は天皇に直訴して、ご自分で育てたい旨を願い、許されたのです。美智子上皇后はご結婚翌年の二月に、浩宮さま（現天皇）を出産されています。

このとき美智子さまは皇太子（現上皇）さまと話し合い、ご自分たちの手で育てようと決めています。

それまでの皇室は、出産から教育まで、すべてお付きの人たちに任せる制度になっていました。

出産も病院ではなく、御所内の御産所で行われていました。

この理由の一つには、ときの天皇と皇后がお見舞いしやすいように、という配慮かもしれません。

しかし皇太子ご夫妻はじっくり話し合って、初めて宮内庁病院で出産しています。実はこのときの美智子妃は、反対派から攻撃される大きな失点をしています。

無事に出産したあと、赤ちゃん共々、東宮仮御所に戻られるときに、集まった多くの報道陣に車の窓を開けて、元気な赤ちゃんの顔を公開してしまったのです。

それまでの皇室はまず、天皇・皇后が孫と初顔合わせをするのが慣例でした。

それは当然といえば当然でした。

それまでの天皇は神に近い存在であったからです。すべての捧げものは、まず神に捧げてからでなければ、見られないし、食べられません。

まして次代の皇太子のご出産だけに、天皇、皇后に初目通りするのが当然、と思っていたでしょう。

それに対して美智子さまは、期待している全国民に、お元気な顔を見せるのは当然、と思っていたに違いありません。天皇が先か国民が先か――の問題だったのです。

このとき、別のいやがらせもあったのです。

「だから病院で出産するのでなく、御所内ですべきだったのよ。それだったらお上が当然、最初にお会いになれるのだから」

新しい生活や習慣をつくろうとしている美智子さまへの風当たりは、この一例を見てもよくわかります。

このあとご夫妻は、自分たちの手元で浩宮さまを育てると発表したのですから、相当強い決意を抱いていた、ということでしょう。

実は美智子さまへの批判は、常磐会だけではなかったのです。「皇室は自分たちで守る」という菊栄《きくえい》親睦会という団体があります。

美智子さまが浩宮の写真を撮らせたとき、カメラマンではなく、記者も取材に飛び回っていました。

このとき「女性自身」の記者は、この菊栄親睦会の女性たちから呼び出しを受け、記

東宮御所で散策する皇太子さま（現・上皇）ご一家。
左から浩宮さま（現・天皇）、紀宮さま、皇太子さま（現・上皇）、
美智子さま（現・上皇后）、礼宮さま（現・秋篠宮殿下）

事の扱い方について注意を受けています。

「天皇、皇后さまの謁見も済まないうちに、皇孫のお顔を雑誌に出していいのか？」というのです。「この皇孫のお写真は、宮内庁お貸し下げになるべきものです、そう思いませんか！」と詰め寄ってくる老婦人もいたのです。

それからあとは美智子妃に対する悪口でしたが、この菊栄親睦会という団体は、ほとんど知っている人もいないでしょう。では、どういう団体なのでしょうか？

皇籍を外された血筋で結成された菊栄親睦会

菊栄親睦会とは、元皇族たちの団体です。

日本に勝利したことで、皇室の力を弱めようとした占領軍により、皇族が皇籍を離脱させられていった時期があります。

そのとき昭和天皇の弟宮である秩父宮・高松宮・三笠宮の三家を除く一一宮家が、泣く泣く庶民になっていったのです。

このとき昭和天皇のお考えによって、こののちも皇室と旧皇族による親睦を深めるために、新しい団体をつくろう、ということになって設立されたのが、この菊栄親睦会なのです。現在、三七人の会員がいます。

これにかかる費用は、天皇家が負担しており、上皇ご夫妻、天皇ご夫妻と愛子内親王が名誉会長になっています。

これでわかるように、いまは上皇ご夫妻の時代を通り過ぎていますから、会員たちも新しい皇室づくりに熱心に賛同している方々ばかりです。

ところが美智子さまが浩宮をご出産された頃は、そうではありませんでした。

親睦会の会員は旧皇室への憧れが強く、全員が旧宮家のメンバーだったのです。そのため、庶民階級から皇室に入った美智子妃へのいやがらせは、ピークに達していました。

庶民に皇室の伝統を汚《けが》されてはいけないと、浩宮がまだ美智子さまのお腹にいた頃、廊下に油をまいて滑りやすくした事件もあったと聞いています。

私はこの話を常磐会の幹部から聞いているので、そちらでも驚いたということでしょう。

念のためにいっておきますが、「皇室ご用達雑誌」といわれるほどになると、天皇家関係者、東宮関係者、常磐会関係者、宮内庁関係者、宮家関係者、学習院関係者、宮内記者会などとつき合っています。

私自身が直接、天皇家の方々や、上層部の方とおつき合いしていたこともありますが、皇室担当記者とカメラマンが関係者たちと親しいこともあります。

皇室評論家として大活躍した松崎敏弥君は、このときの担当記者です。

それだけに、いまの時点でも、まだ書けない話もあります。ご本人が亡くなっていても、ご遺族にご迷惑をかけないともかぎらないからです。

ただいえることは、皇室には二〇〇〇年に及ぶ歴史があります。

大企業が「わが社の伝統」といっても、たかだか何百年というと、つい最近の話になってしまいます。

たとえば天皇家の皇后はほぼ、「子」というお名前がついています。

冗談に、「皇族の男性と結婚したければ、名前に『子』がついていないといけない」という話が出ます。

現代の皇族の方々を見ても、「子」という名前以外の皇后も女性も嫁もいません。

この伝統は、第五一代平城天皇以後、一二〇〇年以上にわたって長くつづいているものです。

「伝統なんて古いことをいうな！」という人もいるかもしれません。

ただ、これだけ長くつづくと、それを断ち切ることがいかにむずかしいか、わかるでしょう。

その長い伝統の中でも不要なものを見つけつつ、新しい皇室に脱皮させた美智子皇后は、やはり尋常な女性ではないのです。

牧野純子女官長がいたからこそ

この本では常磐会にしても菊栄親睦会にしても、やや美智子さまの皇室入りを阻害したように記述してきました。

ただ、では全員がそうだったかというと、そうとはいえません。

これら関係者の方々は、どなたでも、それぞれの立場から皇室や天皇家によかれと考えていたのです。

ただそれが古い皇室観を引きずるか、新しい国民と共にある皇室に変えていくのか——この立脚点が違っていたのです。

どんな問題でも攻める側と守る側に分かれるのは当たり前で、守旧派は意地悪く見えるものです。

その理由はどんな問題のときもそうですが、守る側は「経験と立場、地位」を大事にします。

美智子さまにはその三つともありません。

常磐会側では正式に皇太子とのご結婚が決まってからは、東宮女官長に牧野純子を推薦し、それが通っています。

テレビ映画や雑誌の特集記事では、この牧野女官長の立場を苦しいものと描いていますが、当然でしょう。

いろいろな見方ができますが、最高にむずかしい立場をこなせたのは、やはりこの人の家柄と人柄です。

彼女は明治三三年（一九〇〇）生まれで、鍋島直明《なおあきら》男爵の長女でした。

明治維新を完成させた大久保利通の次男で、内大臣を務めた牧野伸顕《のぶあき》伯爵の長男・信通《のぶみち》氏（式部官）と結婚しました。

松平信子の遠縁に当たるので、これ以上の女性はいなかったでしょう。

皇室の人脈にはくわしく、マナーはもちろん、宮中での格も高く、申し分ありませんでした。

私はこの女官長がいたおかげで、美智子さまは相当助かったのではないか、と思っていますが、それも推測です。

牧野女官長は、美智子さまが妃殿下になり、開かれた皇室にしていくとき、松平信子さん側との間に立って苦労しつづけました。

ただ結果として、美智子さまの夢を実現させた行動と勇気は、すばらしかったと思っています。

宮中で美智子妃がいじめを受けたといわれていますが、私はそれ以上に彼女は、常磐会側から強い圧迫を受けていたと思います。

彼女の略歴でもわかるように、皇室には、私たちがびっくりするような、歴史的な経歴の持ち主が大勢います。

これらの人たちは、皇室入りする庶民の花嫁が持っていない歴史を背負っているだけに、それだけでもむずかしいはずです。

それこそ勤務先である、皇室の一部署でのトラブルもあるでしょうし、親族内からの要求もあるかもしれません。

なにしろ一五〇年ほど前には、みな大名や貴族、あるいは華族の親族だった人ばかりです。

またその時代には、薩摩藩と長州藩が中心となって明治維新を成し遂げたこともあって、勝者と敗者に分かれたものです。

私はたまたま加賀（現在の石川県）百万石の大々名の一族、前田利家の直系の子孫、前田利為《としなり》侯爵の長女の酒井美意子《みいこ》さんと懇意になりました。

彼女は先祖が何万石か何十万石か、あるいは百万石なのかで、身分も日常生活も大きく変わると話していました。

一般市民である私たちが実感する機会はなかなかないのですが、つい先頃まで、この身分制度は私たちの周りに残っていたのです。

天皇家で初めて原稿を書いた皇太子

酒井美意子さんは当然のことながら、学習院出身の常磐会理事でした。私より五歳年上だったので、何でも話し合える仲となったのです。

彼女の話を聞くと加賀百万石のお嬢さんの生活が浮き出てくるので、その生活を「女性自身」に連載していただきました。

この酒井さんが一度だけ、ひどく怒ったことがあります。

それは私が書かせた橋本明氏（皇太子のご学友）の「兄弟《あにおとうと》／両陛下への提言」という手記で、この中で橋本氏は、

「皇太子殿下は、戦後初期のあまりに手前勝手な旧華族たちの生活ぶりを見て『旧華

族の上流からは后を求めない』という信念を持たれた」

と書いていたのです。

さらに、

「常陸宮のご結婚は意外な人選で、これについて兄である皇太子さまは、いっさい選考の相談を受けなかった」

とも書きました。これに対し、旧華族の代表ともいうべき酒井さんが反論し、「旧華族はイギリスの貴族をモットーに皇室の藩屏《はんぺい》（皇室を守るとりで）になって、社会につくしてきた。皇太子さまが『旧華族から妃を求めない』という信念を持たれたといいますが、皇太子さまは、直接それを橋本さんにお話なさったのでしょうか？」と書いたのです。これは皇太子さまが「本当はどう思っているのか？」という点を中心にした論争であったこともあり、大きな反響を起こしたのでした。

私はこのまま反論を重ねても意味がない、と考えて、直接皇太子さま（いまの上皇）のお考えを聞いてみよう。聞くことはできないか？　と考えたのです。

昭和四〇年（一九六五）、初夏のことでした。

「若さ」というのは恐ろしいもので「天皇、皇后、皇太子といったお立場で、週刊誌に寄稿することなどありえない」とは、まったく考えもしなかったのです。

そしてその考えは児玉隆也（当時の副編集長、のちルポ作家）という、私の右腕編集者も同感でした。

「橋本さんと工作してみましょう」ということで、夏休みに皇太子ご夫妻が軽井沢に避暑に出かける期間を狙おう、ということになったのです。

こうして編集部は殿下とお目にかかり、

「私は上流旧華族の本家からは、妃をとらないということを小泉さん（注・小泉信三博士・東宮参与）に話している」

という、皇太子自らの考えを原稿にしていただいたのでした。

このとき私は、皇太子の自筆文字を初めてこの目で見ました。私自身は東京にいて、取材したのは橋本さんと編集部の児玉君でした。

私は万が一、急に宮内庁からのクレームが入る危険性を考えて、会社に待機していたのですが、宮内庁は、皇太子がそんな大胆なことを実行するとは、まったく考えていなかったのです。

結局、宮内庁総務課の大失点となったわけですが、皇太子さまは、そういう大胆さを兼ね備えていたのです。おかげで私は、ときの総務課長から「いきさつを教えてほしい」と懇願されたほどです。

礼儀正しい少年に育てる！

このときの副産物として、皇太子ご一家の様子もわかってきました。

皇室は軽井沢に御用邸（別荘）はありません。現存するものは那須御用邸のほか葉山、須崎だけです。

戦前にはこのほか横浜、神戸、熱海などに一二の御用邸がありましたが、これは各宮家や華族も使っていたからでした。

戦後になると皇室は、軽井沢避暑にお出かけするようになりますが、ご用邸がないので、朝香宮《あさかのみや》家の別邸を借りることになります。これが西武グループのプリンスホテルになっていくわけですが、現在のプリンスホテルなどと違い、古い別荘でした。

ここでお目にかかったわけですが、玄関には三輪車のほか、バットにボールなどが乱雑に置いてありました。浩宮さま（現・天皇）が五歳でしたので、遊び道具がすぐ出せるよう玄関に置いていた、といった感じでした。

この時期の美智子妃は礼宮《あやのみや》（現在の秋篠宮文仁殿下）を妊《みごも》っていた頃で、挨拶には出ていらっしゃいませんでしたが、浩宮さまが飛び込むように、元気よく部屋に入ってきたのでした。

ここから先は当時の「女性自身」の描写を借りると、

話に熱がこもってきたとき、浩宮さまがドアを大きくあけて入ってこられ、皇太

子さまのそばのイスに、ちょこんと腰をかけられた。「こちら橋本さんです。ご挨拶なさい」と、皇太子さまがいわれた。

浩宮さまが、イスにかけたままおじぎをなさると、

「立っちしなさい」

それでも、浩宮さまがイスからお立ちにならないと、すこしきびしいお声で命じられた。

「立っちして、ご挨拶をなさい」

浩宮さまは、直立不動の姿勢になり、かわいいお声でおっしゃった。

「ごきげんよう……」

この時期の子どもを持つ親なら、この描写は非常によくわかることでしょう。「うちの子と同じだ」とうなずく親もいるでしょうし、「やはり、しっかりしていらっしゃる」と思う親もいるでしょう。

また、浩宮さまは将来の天皇になられるご身分なのですから、こちらから先に立ち上がって、浩宮さまにご挨拶すべきではなかったのか、と考える人もいらっしゃるかもしれません。

しかし皇太子さまも美智子さまも、まずはわが子を礼儀正しい少年に育てたかったのでしょう。それができないと、将来、国民と共に進んでいくことができない、と考えていたのだと思います。この教育方針が間違っていなかったのは、現在、天皇になられた浩宮さまを見れば一目瞭然でしょう。

「ナルちゃん憲法」で世の母親が感動

昭和三五年（一九六〇）、皇太子の頃の現・上皇ご夫妻は、日米修好通商条約一〇〇周年ということで、米国政府から招待を受け、一六日間にわたって米国をご訪問することになりました。

このとき浩宮さまは生後七ヵ月ということで、お留守番ということになったのです。

これはふつうの母親でも心配です。

自分のお乳を飲ませて育てている最中ですから、本心でいえば、留守番をしていたいところです。

しかし皇室に入ったからには、そんなことはいっていられません。

そこでいくつか育児メモを残して、ご出発されたのです。これがのちに「ナルちゃん憲法」と呼ばれる美智子妃流の育児法に発展していきます。

この育児メモは女官たちに残したものですが、大きくいえば次のようなものです。

○一日に一回くらいはしっかりと抱いてあげてください。愛情を示すためです。

○お昼寝はいままで通りひとりで、夜はベッドのわきについてあげてください。ときどき手を伸ばしてあげると、その手をいじりながら、必ず寝ると思います。

○できるだけひとつのもので遊ばせるように。ひとつのものに熱中しているときは、別のものを渡したり、見せたりして、注意をそらせないでください。

○ひとり遊びは続けさせてください。おとなは適当に動き回ってお仕事をしているほうがいいようです。遊んでいるときは多くの人で取り囲まないように。

○ひとりのときはくれぐれも事故のもとになるようなものに気をつけてください。

○自分が投げたものは、なるべく自分で取りに行かせるように。軽く背中を押して、「取ってきてちょうだい」と言ってください。

○できるだけ動作で遊んでしまわず、要求を口で言わせるようにしてください。

○朝はひとり遊びのよいチャンスですから、ベッドの中で少なくとも三〇分は遊ばせてください。ひとり遊びのときはナルちゃん以外の人が通らないように。

○「ちゃんとお聞きにならなきゃいけません」と叱ってやってくださいね。

○お食事のときは、ご本はあげないように。

○〝ながら病〟は、できるだけさけること。靴をはくときなども「靴をはいたらおんもね」と言いながら、靴をはくことだけに集中させること。

これらはすべて、女官に書き残していったメモではないようです。というのも、中にはまだ七ヵ月の赤ちゃんに対してのものとは思えない項目もあるからです。

恐らく、相当考え抜いたものでしょう。

驚くのはこの「ナルちゃん憲法」なるメモは、ご成婚からわずか一年五ヵ月後に記されたものだ、という点です。

一年半前にはまだ正田邸にいたのです。

皇室の中で、果して皇太子妃になって、無事に務まるものか、真剣に考えたり、悩んだりしていたに違いありません。

それがわずかな期間で妻から母になると、すぐに赤ちゃん心理の専門家になった、といってもいいでしょう。

世の中のお母さん方が、この「ナルちゃん憲法」の内容に感心、感動したのも当然かもしれません。

またこの出産、育児では、それまでの宮中制度だった、

（一）宮中御産殿での出産
（二）乳母制度
（三）傅育官制度
の三制度を廃止しています。

それも守旧派を刺激したのかもしれませんが、敢然と意志を貫いた勁《つよ》さには、感動すら覚えます。

三人の皇后で社会が変革した

昭和三四年（一九五九）四月の正田美智子さんと皇太子のご成婚は、当時の日本社会を大きく転換させました。

どういうことかというと、世の多くの女性たちが、四年制大学に注目しはじめたのです。

それまでの女性たちは高等学校、専門学校、女子短大のどれかを卒業して、社会に出るか、家庭にあって花嫁修業に励むかのどちらかでした。

この時代はまだ、どの企業も男手が足りていたので、女子を入社させても、それほどの仕事がありませんでした。

また家庭にあっても、

「女性が大学に行って何をするの？　それより早くいい人を見つけて、お嫁に行きなさい」

と、母親たちがわが娘の高等教育に消極的だったのです。

その時代に聖心女子大で英語を学び、卒業後にフランス語も習得したという、いまでいえば、スーパーレディが皇太子の花嫁になったのです。

世間では大騒ぎです。

なにしろ当時、女子が四年制大学に進学する率は二パーセント台でした。いまの若い人からすれば信じられないでしょうが、一〇〇人中二人しか、大学に進学しない時代だったのです。

ちなみに現在はどうかというと、内閣府の調査によれば、平成二八年（二〇一六）時点で女子の大学進学率は四七・四パーセントとなっており、約二人に一人は大学へ進むようになっています。

これはいい換えれば、正田美智子さんから小和田雅子さんまでの二人の皇后が誕生する間に、日本は女性社会になっていったということです。

これは非常に短期間での大変化でした。

女性たちは一般的に、ミッチーブームの頃はBG（ビジネスガール）と呼ばれていました。

会社で「ガール」と呼ばれるのですから、男性社会の手伝い的な仕事ぶりがふつうでした。

お茶汲みか電話番的な仕事が一般的でした。

ところが美智子妃の出現で、ＯＬ（オフィスレディ）に格上げされたのです。男性と同じ仕事をするようになったのです。

さらに、小和田雅子さんが皇太子の妃殿下になったのが平成五年（一九九三）のことですが、それ以後は、世の働く女性たちは「キャリアウーマン」と呼ばれるようになっています。

この言葉は専門的な仕事をもっている女性、管理職志向の女性という意味ですが、これは雅子さまが外務省キャリアだったところからも、当時の世の中に広まったと考えていいでしょう。

いみじくも皇后の三代を比較しますと、香淳皇后は家庭の母的存在で、外の仕事はすべて、昭和天皇にお任せしていた感があります。

それだけに、皇后の肉声が国民に届かなかったのです。いわば畳の上に座られたお姿がお似合いでした。

それに対して、美智子皇后のケースは、忙しく立ち動く家庭とＯＬの兼業主婦的存在でしょうか？

外でも一流、妻として母としても最高級の皇后でした。

そして雅子皇后は、これからが本番でしょう。どういう皇后を目指していくのでしょうか？

すでに外国の賓客のおもてなしはすばらしいと絶賛されているので、外向きの皇后を目指すのかもしれません。

その意味で雅子皇后は、令和の新しい時代に即応した役割を果していくことになるでしょう。

第3章

雅子皇后

お世継ぎで苦しんだ
キャリア官僚出身の皇后

エレナ王女が恋のキューピッド

「皇后雅子」が誕生するまでの道のりは、非常に長いものでした。

平成五年（一九九三）一月の仕事初めの日に、テレビ速報と新聞の号外で「皇太子浩宮と小和田雅子さんご婚約」というニュースが流れました。皇太子三三歳、雅子さんは二九歳でした。

美智子さまと明仁殿下のご結婚された年齢が、二四歳と二五歳という若さであったことと較べると、非常に遅い感じがします。

考えようによっては、今風なご結婚といえるかもしれません。というのは、ただ日本人はこれまで、天皇家の「結婚と出産」を目標にしてきた、という話があります。

「何歳で結婚されたか、子どもの人数は何人か」を真似《まね》るというのです。

昭和初期の御代は香淳皇后が憧れでした。良子女王の婚約年齢は一六歳、裕仁親王は一八歳でした。お子さま七人（一人早逝）でした。

この頃の日本女性は、一〇代のうちにお嫁入りするのが目標でした。

美智子妃のときは、女性の憧れの結婚年齢が二〇代前半になっています。子どもの数は三人が目標になった、といわれます。それからすると、雅子妃への憧れから、女性の結婚は二八歳平均になり、子どもの数は一人が目標となります。

実際、厚生労働省が平成二七年（二〇一五）に発表した資料によると、女性の平均初婚年齢は二九・四歳となっていて、合計特殊出生率も一・四二です。

こうなった理由の一つは、女性の社会参加にあると考えられます。

女性が高学歴になればなるほど、自分の能力を社会で発揮したくなります。雅子さまのご経歴を見ると、目を見はってしまいます。

美智子さまのご経歴にも驚いたものです。昭和三〇年代の女性にしては、まぶしすぎる学歴でした。あれから六〇年たつと、ここまで女性の社会的な能力は伸びるのかと、信じられない思いです。

雅子さまは大学だけでもハーバード大学、東京大学、オックスフォード大学と、世界のトップ三校で学んでいます。東京大学を中退して入った外務省で、もっとも難関といわれる北米二課に勤務していました。

こうなると、よほどのエリート男性でも、交際を申し込むのはむずかしそうです。華族以上に華やかなエリートだったからです。

この雅子さまと皇太子（現天皇）が最初に会ったのは、昭和六一年（一九八六）一〇月一八日のスペイン国エレナ王女の歓迎レセプションでした。ご結婚の七年前です。

このとき雅子さまは外交官試験に合格した頃で、将来は外務省に入り、活躍したいと夢をふくらませている時期でした。

ある方からのお話があって、雅子さまは王女の歓迎要員として出席したのですが、ここで皇太子に見初《みそ》められたのです。

このあと皇太子は、東宮御所、高円宮邸などで、都合四回会ったといいます。

この時点でご両親陛下の「軽井沢テニスコート」ではありませんが「エレナ王女」

が恋のキューピッドの役目を果たすことになったのです。

しかし皇太子の想いは、そう簡単には通じませんでした。宮内庁からの内々の打診に対し、小和田家から内々の辞退があったというのです。

一時は候補者名簿から名前が消えて

ではなぜ、小和田家から辞退があったのでしょうか？

辞退があったということは、すでに婚約者がいた、ということが考えられますが、実は宮内庁のほうから「辞退されたほうが」という話があったようなのです。

それは宮内庁から、皇太子にも話が伝わったもので、

「雅子さまの母方の祖父、江頭《えがしら》豊《ゆたか》氏が、当時水俣《みなまた》病の訴訟継続中のチッソの社長についていたことで、交際は慎重を期したほうがいい」

という衝撃的な内容だったのです。

雅子さん個人にはまったく関係のない話なのですが、天皇家のご結婚式に「筵旗《むしろばた》が立ってはいけない」という配慮をしたのです。その結果、この交際を一時停止にしていただけないか、と宮内庁が申し入れをしたのです。

いまの若い人たちは水俣病と聞いても「それは何の話？」と思うかもしれません。

水俣病は熊本県八代《やつしろ》海沿岸及び新潟県阿賀野川《あがのがわ》流域で発生した公害病で、高度成長期の時代に起こり、大きな社会問題になりました。

石牟《いしむ》礼《れ》道子《みちこ》の『苦海浄土』（講談社文庫）はこの悲惨な状況を描いた作品ですが、この公害病の発生原因にチッソがからんでおり、その社長に雅子さんの祖父がついていた、というのです。

ただ祖父の江頭氏は日本興業銀行から派遣された形で社長に就任しており、直接の加害側ではありません。むしろ一番つらい時期の経営者にされた、といえるかもしれません。江頭氏が社長であった時期は昭和三九年（一九六四）から昭和四六年（一九七一）までであり、雅子さまが皇太子と初めて会った歓迎会は、昭和六一年（一九八六）のことでした。

しかし宮内庁は、慎重の上にも慎重を期さなくてはなりません。

それこそ美智子皇后が、天皇家の一員になることに反対した香淳皇后の考えは「旧華族であれば、すべて祖先のこともわかっているので安全」という点にあったわけで、宮内庁としては、香淳皇后のお考えも加味したのでしょうか。

それに、当時の富田朝彦宮内庁長官は、自ら浩宮さまに会ってこのいきさつを話し、「小和田雅子さんのことは、見合わせてください」

と進言したといいます。浩宮さまも「わかりました」とそれを納得したことで、一度は雅子さまの名前は、候補から消えたのです。

雅子さまも、東宮御所や高円宮邸での会話の中で、近い将来、英国の大学に留学したい、という希望を述べたようです。

それなら「オックスフォード大学に行きなさい」と、ご自身の留学経験話で盛り上がったといいます。それもあって、この話は自然消滅の形で、宮内庁の持つ「候補者名簿」から消えていったようです。

もっとも浩宮さまご自身の気持ちはわかりません。

しかし一度引き合ったきずなは、いつかどこかで結ばれるといわれますが、それが七年後に実現したのですから、やはりお二人の愛の力なのかもしれません。

「小和田雅子さんではだめでしょうか」

一般人であれば、自分が好きだったら、強引に結婚するかもしれません。しかし皇太子の場合はそう簡単にはいきません。

国民に好感を抱いてもらい、共に喜んでくれるお相手でなければならないのです。賢い浩宮さまは、そこをよく知っていました。

ご自分の感情を抑えて、皇太子妃選考委員会の情報や意見、報告をただ待っていました。

しかし将来、天皇になるべき浩宮さまの結婚相手となると、候補者はそう多くありません。

有名女子大にも声をかけたようですが、委員会のメンバーの目を輝かせるお相手は見つからなかったようです。

この時期、浩宮さまにとって二つの大きな出来事が起こりました。

一つは、昭和の激動時代を六四年過ごされた天皇が、一月七日に逝去されたのです。即日、平成の新時代となり、浩宮さまは次代の天皇になる皇太子殿下となられたのです。

それだけではありません。

弟宮の礼宮さまが、平成二年（一九九〇）に二四歳の若さで先に結婚し、秋篠宮家を創設したのです。このとき浩宮さまは三〇歳でした。

焦らないといったらウソになるでしょう。

そして、その焦りは本人より、父・天皇と母・皇后のほうが大きかったかもしれません。

そうして、雅子さまのお名前が候補者から消えて五年の歳月が流れました。

平成四年（一九九二）になったある日、浩宮さまは新しく就任した藤森昭一宮内庁長官に、

「小和田雅子さんではだめでしょうか」

と、呟《つぶや》いたというのです。

藤森長官はその言葉を聞いて、慎重に事を起こしました。

まず、選考委員会に諮《はか》り、祖父でチッソ社長だった江頭豊氏の問題について討議します。

そして、それがクリアになったところで、ご本人の雅子さんに、結婚の意思があるかどうかを尋ねたといいます。

もちろんこれは小和田家でも、親族会議が開かれたことでしょう。当然のことながら、宮内庁では深く広く、小和田家と親族関係を調査したはずです。

それこそ正田美智子さんの場合も、選考委員だった小泉信三博士が「正田家の三〇〇年の歴史を調べた」といっていたほどです。「そのくらい、きちんと調べるものなんだ」という比喩《ひゆ》かもしれませんが。

小和田家も娘の気持ちを中心に、さまざまなことを考えたことでしょう。その結果、ともかく「お二人だけで会っていただく」ことになったのです。

場所は宮内庁の新浜鴨場《にいはまかもば》（千葉県市川市）を用意し、ここで浩宮さまはプロポーズに近い言葉を発した、といわれます。

そしてその後は、電話で気持ちを伝えています。

それはかつて父の天皇陛下が、母の皇后陛下と電話でお気持ちを伝え合っていたことを知っていたからでした。

このとき、「（あなたを）全力で守って、助けてあげたい」といったといいますが、この言葉が雅子さんの心をゆり動かしたといわれています。

美智子上皇后と雅子皇后の関係はよく合う

皇太子さまと雅子さま、お二人の婚約が内定すると、それまで長い間会えなかった寂しさを取り戻すかのように、お二人は三日に一回は会っていたといいます。

婚約が内定したのだから不思議ではないように思うかもしれませんが、これはかつての皇室では考えられなかったことのようです。

たとえば美智子上皇后の場合は、婚約後に東宮御所に行っただけで「不謹慎だ」と、旧華族の一部から怒りの声が出ました。

彼らの言い分によれば、「婚約したからといって、まだ正式の嫁ではない」ということが理由のようでした。

ご自身がそういう経験をしたこともあって、浩宮さまと雅子さんの場合は、美智子上皇后が、自由に会えるように計らったといわれています。

これは皇室にかぎった話ではありませんが「会えば会うほど理解が深まる」のは事実でしょう。

美智子上皇后はその点、お客を迎えるのが非常に上手です。

たとえば浩宮さまがまだ二〇代の頃、私の息子と学習院大学の女子学生の二人を、一緒にテニスをしようと、招いていてくださったことがあります。

息子は大学の硬式庭球部の一員だったので、大学対抗試合などを通じて、その女子学生と知り合っていたのでしょう。

試合中に気づいたといいますが、いつの間にか美智子さまがいらして、紅茶をすすめてくださった、というのです。

こういう庶民的な感覚を忘れないところが、全国民に慕われるのでしょう。

そして現在、雅子皇后も笑顔がすばらしいと、評判になっています。

街の声を聞くと「恥じらいのある笑顔がステキ」という評が圧倒的に多いようです

が、美智子上皇后も、お若い頃の笑顔は人気の的でした。

それに対し、これは推測でしかありませんが、秋篠宮殿下の妃殿下、紀子さまはあまり笑顔を見せません。また職員にきびしいようです。

どちらかというと、控えめで静かなお人柄ですが、嫁と姑《しゅうとめ》の関係でいうと、雅子さまのほうが美智子上皇后と合うような気がします。

日本の皇室や世界の王室で、もっとも大事な点は、国民から愛され、慕われる、という点でしょう。

明治、大正、昭和とつづいた皇室は、天皇の魅力で形づくられてきました。

この三代の皇后はどちらかといえば、表には出ず、陰にあって天皇を助ける立場であることが多いものでした。

ところが平成、令和の時代は、世界も日本も、比較的平和ということもあって、皇后の魅力が重要になってきました。

この傾向は令和以後もつづくでしょう。

それだけに、魅力溢れる皇后の存在は、日本の発展とも大きくつながっています。

また近年は、外国首脳の国賓《こくひん》待遇の来日が多くなってきました。米国のドナルド・トランプ大統領を迎えての晩餐会は、最近では例を見ないすばらしさでした。

雅子皇后の明るさと美智子上皇后の優雅さは、二人が揃うことで、より光を発揮することになります。

すばらしい嫁と姑の関係で、庶民のお宅でも、そうありたいと注目されています。

雅子さまのお后教育は？

いつの時代であっても、皇室の一員になるには、そのための教育を受けることになります。

かつては、一般家庭であれば、料理教室らしきところに通い、家庭料理くらいはできるようになってから、結婚していました。

いまでも古い家風をもつ家庭では、料理のほかに生花、茶道、和服、マナーなど、ひと通りの花嫁修業を必要とします。

また当然のことながら、娘を皇室の一員の花嫁にさせたいと思う家庭では、このほかに一回は外国に出して、外国語や西欧風マナーを学ばせるでしょう。

日本の皇室では、これら基礎的な教育は、すべて終わったお嬢さまであると認識して、ご結婚前に、皇室特有のお妃教育をすることになっています。

かつて正田美智子さまが受けられた教育は、以下の通りです。

月曜日　習字、和歌
火曜日　英語、憲法
水曜日　フランス語、礼儀作法

木曜日　宮内庁制度、お心得
金曜日　宮中祭祀、宮中慣習
土曜日　宮中儀式および行事、宮中儀礼

のちに神宮祭祀、皇室史も加わり、合計一四科目となっています。

もっともこの中の英語とフランス語は、美智子さまのほうから、お願いされたものです。

最初は昭和天皇の内親王四方がお住まいになっていた呉竹《くれたけ》寮ですることに決まっていました。

ところがなぜか皇后（香淳皇后）が反対したことで、千代田区三番町の宮内庁分室に変更されたのです。

このことは「皇后さまがいけないとおっしゃった由《よし》」と、侍従長を務めた『入江《いりえ》相《すけ》政《まさ》日記』に記されています。

恐らくまだ婚約が決まっても、天皇家の一員でない女性は、家族とは認めない、ということなのでしょうが、あまり正田美智子さんに好感を抱いていなかったことが、こういう小さいところでわかります。

ちなみに美智子さまは九七時間の教育時間でしたが、秋篠宮妃の紀子さまは二八時間、雅子さまは八科目、およそ四八～五〇時間となっています。

○神宮・宮中祭祀　六時間
○皇室制度（歴史）　六時間
○皇室制度（法制）　二時間
○宮中の儀式・行事、宮中の儀礼・慣行・作法　七時間
○憲法・皇室典範　六時間
○日本歴史　六時間
○和歌　一〇時間
○書道　七時間

これで注目されるのは、和歌の一〇時間でしょう。

美智子さまには現在数冊の歌集が出版されており、それらを見るとすばらしい感性を示しています。

その点雅子さまは外務省出身であり、文学を学んできませんでした。

それだけに新年「歌会始《うたかいはじめ》」など、重要な集いがあるので、宮内庁も多くの時間を割いたのでしょう。

男子ご誕生の期待は果てしなくつづき

生《あ》れいでし　みどり児のいのち　かがやきて　君と迎ふる春すがすがし

これは平成一四年（二〇〇二）の歌会始での雅子妃のお歌です。

素直に喜びを表しています。愛子さまをご出産後、この年の四月二日に初めての記者会見が行われました。

「生まれてきてありがとうという気持ちで一杯になりました。今でもその光景は、はっきりと目に焼き付いております。生命の誕生、初めておなかの中に小さな生命が宿って、育まれて、そして時が満ちると持てるだけの力を持って誕生してくる、そして、外の世界での営みを始めるということは、なんて神秘的で素晴らしいことなのかということを、実感いたしました」

母になった雅子妃のお言葉ですが、これ以後、それまでの明るさ一方のお顔から、人生の深みが増すお顔に変化していくことになります。

女児を出産したことで、国民の目は「次は男子」という方向に移りはじめたのです。これが雅子妃の心をイラ立たせ、閉じさせていくことになります。

明るく活発だと思われた雅子妃が、意外に生真面目で、それに受け応えが下手だ、という評判が立ちはじめたのです。ときにはまた、論理的に言葉を返すので、記者団、

皇太子さま（現・天皇）に付き添われ、宮内庁病院を退院される
雅子さま（現・皇后）と愛子さま

特に週刊誌記者の記事が辛らつになりつつあったのです。

記者の質問というのは、ときに同じような質問を繰り返すこともあり、受けているほうでイラ立つものです。

これに慣れてくると、感じがよくなるのですが、逆にきつく答えてしまうと、思いがけぬ一言が出てしまい、そこだけを大きく取り上げられてしまいます。

その上、雅子妃は頭がいいので、宮内庁側ではハラハラしていたことでしょう。妊娠できるかどうか、男子が生まれるかどうか。こればかりは、コウノトリに聞かないとわからないので、答えようがありません。

あるときは天皇陛下が、こう話しかけられたとか。

「国民みんなが待っているからね」

これに対し、雅子妃は、

「私の友達にそんなことをいう人は一人もいません」

あまりのおっしゃりように、周囲が唖然《あぜん》としてしまったと「週刊文春」(二〇〇六年二月二三日号)は書いています。

これがお二人の本当の会話とすれば、相当イラ立っていたと思われますが、ご懐妊できないことで、次第に雅子妃の心は屈折していくことになります。

愛子さまのお誕生は平成一三年（二〇〇一）一二月一日ですから、ご結婚後九年目のことになります。冒頭のお歌はそのときのものですが、皇太子妃のお役目というものは、大変な重圧です。しかしこのあとも、男子誕生を願う声が、果てしなく雅子妃の心を圧迫していくのです。

雅子さまを追い詰めた宮内庁長官

本当なら昭和天皇と良子皇后の時代で、古い皇室は姿を消したはずですが、実はそう簡単ではないようです。

雅子さまが皇后になるまでは、美智子さまが皇后になるまでと、ほぼ似たような苦しみがあったのです。これは一般家庭でも同じことですが、知らず知らず、皇室内は美智子皇后風になっていたからです。

それがよくない、ということではなく、新しく皇太子妃になられる女性は、新しい教育を受けてきているだけに、いろいろ合わない点があるはずなのです。

古今東西、嫁と姑の考えが一致するなど、ありえません。姑はすでに古い考えになってしまっているのです。それだけでなく、舅《しゅうと》である現上皇も、ときに苦々しい思いをするはずなのです。

現在、雅子皇后に関する本が何冊も出ていますが、そこには赤ちゃんのできなかった雅子さまが追い詰められていく状況が、事細かに出ています。

美智子さまのときは、常磐会の女性たちから追い詰められたのですが、雅子さまは宮内庁長官から追い詰められたのです。

宮内庁長官に、近く皇后になられる方を追い詰めるような権限があるのでしょうか？

平成一五年（二〇〇三）一二月一一日、当時の湯浅利夫宮内庁長官は、雅子妃のご入院に触れた会見で、次のように述べました。

「秋篠宮さまのお考えもあるかと思いますが、皇室の繁栄を考えた場合、三人目のご出産を強く希望いたします」

これは雅子妃にとって、大きな衝撃でした。

この会見の九日前に、雅子妃は帯状疱疹《たいじょうほうしん》と診断され、八日の午後に退院したばかりでした。それも快方に向かったわけではなく、精神的な衰弱も激しいので、翌年の春まで公務をお休みになる、と発表した直後のことだったのです。

ところが精神的な衰弱が激しいと発表しておきながら、宮内庁長官は、それをさらに強めるような発言をしたのです。

つまり「もう、あなたに男子出生は期待していません。秋篠宮さまにお願いしますよ」という通告をしたも同然だったのです。

これは考えてみれば、非常に残酷な発言で、ときの総理大臣、小泉純一郎も記者団からこの発言を聞かされて、考え込んでしまったといわれます。

この発言はマスコミに大きく取り上げられました。私はこの裏には、現在の上皇ご夫妻のお考えと、秋篠宮との連携プレイがあったような気がします。

のちに「私は皇太子妃をやめなければなりませんね」といったと伝えられるほど、思い詰めた雅子妃は、明治天皇のお后、昭憲《しょうけん》皇太后に匹敵する苦しみ、悩みをもっていたのではないかと思います。昭憲皇太后は結局、一人も皇子を産むことがありませんでした。大正天皇は側室のお子です。

皇室外交で上皇后を超えた！

この湯浅長官の発言は、その後、雅子妃の長い精神疾患へとつながっていったと見ていいでしょう。

当初は愛子さまも、似たような症状になったのでした。

国民の間では、愛子さまはとても評判がよく、期待されていましたが、一時期、母である雅子さまがうつ状態になっているとき、愛子さまもそのような状態になったものです。

しかし次第に性来の明るさと頭脳のよさを見せはじめ、いまでは次期女性天皇の声まで出はじめています。

雅子妃も当初は相当強いうつ状態になっていましたが、次第に明るくなっていきました。

雅子妃の医師団のうち、当時慶應義塾大学教授の大野裕《ゆたか》先生が治療に当たられましたが、これがよかったのではないかと思うのです。

私は長年、大野先生と親しくおつき合いさせていただいており、先生の本も出版しています。（『「こころの力」の育て方』ほか　きずな出版）

この間、先生は私たちに、ただの一回も「雅子妃」のお名前を出したことはありません。

つまり、ご自分が雅子さまの主治医であると、親しい私たちにも一度も洩らしたことがないのです。私はこの一点で、大野先生を信頼します。

精神的な病いを治癒させるには、患者と医師の間に、特に強い信頼のきずなが大事と聞いています。

この信頼のきずながあったからこそ、劇的に回復したのではないでしょうか。

誰が見てもこのところの雅子さまは、りっぱな皇后になられたと思うでしょう。

雅子さまがうつ状態にあったと思われる時期に、秋篠宮家には待望久しい男子、悠《ひさ》仁《ひと》親王が生まれています。

考えようによっては、ますます雅子さまの病いが強くなっていくべきところを、逆に明るくなっています。

笑顔も、とってつけたものではなく、幸せ感を一杯に表した明るさになっています。

特に令和の御代になってからというもの、新しい天皇ご一家は、なぜこんなに明るくなったのだろう、と思うほど、すばらしい家族愛を見せています。

これに対し秋篠宮ご一家のほうが、全員うつになったのではないか、と心配してしまうほど、このところの秋篠宮家には災難がふりかかっています。

この差はどこにあるのでしょうか？

雅子皇后はいくつかの点で、心が安定する要素をもっています。

その最大のものは、国民が自分たち夫婦の天皇・皇后を歓迎してくれたという安心感でしょう。

またもう一つは、すでに年齢からいって出産が考えられないだけに、かえって心が安定したと思われます。

そして三つ目は、愛子さまが伸び伸びと育って、最近はむしろ堂々としている点でしょう。

さらに四つ目は、皇室外交の面で上皇ご夫妻を超えた、という自信です。これが一番強い自信になっているのではないでしょうか。

それは国民誰の目にも明らかです。

雅子皇后の非言語コミュニケーション

いつの間にか日本は、多民族国家になりつつあります。すでに大和《やまと》民族以外の民族が、一千万人近く日本に住んでいるとされます。正式に日本人に帰化している人々も、ふえる一方です。

これまでの天皇、皇后の存在はおもに、いわゆる大和民族と呼ばれる人々にとってのものでしたが、これからは大きく違っていきます。

当然のことながら、日本人に帰化した人々にとって、天皇、皇后は親しみのある方でなければなりませんし、ファミリーの一員として、尊敬できる方でなければならないでしょう。

そこで大切なことは、どんな民族、どんな言語を扱う人々にとっても、理解できる存在でなければなりません。

いつもいつも同じ顔で、笑っているのか怒っているのか、理解できないような皇后であっては、親しみをもたれません。

つまり非言語コミュニケーションのマスターでなければならないのです。

非言語コミュニケーションとは、言葉によらない手段で、こちらの意思を伝える方法です。

雅子皇后を見ていると、若い頃から諸外国に住んでいたためか、微笑、手の動作、身体の位置など、言葉以外での意思の伝え方が非常にお上手です。

笑顔一つでも、かすかな笑顔ではなく、大きく笑うことで、いっぺんに親しみやすさを伝えます。

腕の動かし方も大きくして、相手への親しみを一瞬で伝えます。

もちろん、外国語はできるのですが、声を出してはいけないこともあります。そんなときでも大切な客に対して、無言で合図を送ったり、方向を示したり、安心させるのが、とてもお上手です。

比較してはいけないかもしれませんが、秋篠宮紀子妃の動きは小さく、微笑も外国人には、何の意味のほほえみか、わかりにくいと思われます。

この微笑は、日本人独特のもので、心からの笑顔なのか、単なる表面上の曖昧なものなのか、外国人にはわかりません。

その点、雅子皇后の笑顔は、全天皇家で一番上手だと私は思います。

外国の要人も、雅子皇后の華やかな笑顔を非常に高く評価しているほどです。またテレビをよく見ていると、握手の仕方が非常に強そうです。

しっかり握っています。

これも日本人の女性は伝統的に弱々しく、美智子上皇后でさえも、外国人の女性との握手は、あまり上手ではありません。

もしかすると、これまでの皇室の女性は、マナーとして「優しく柔らかく」という握り方を教えられていたのかもしれませんが、これではいつまでたっても「東洋の不可解な国」の評判から抜けきれません。

雅子皇后はその点でも、皇室外交を引っ張っています。

ファッションで目立つ皇后ではなく

皇太子妃時代の美智子さま（現・上皇后）を応援したのは、ほぼ同年代の女性たちでした。

美智子さまが皇室に入ったのが、昭和三四年（一九五九）、美智子さまが二四歳のときでしたから、以後この年齢に近い女性たちが、いわゆるミッチーブームを起こした、ということでしょう。

これに対して雅子妃は、二九歳がご結婚年齢です。二〇一九年現在で五五歳ですから、この年齢の女性たちが味方になっていると思われますが、実はむしろそれ以下の若い女性たちが、強力なファン層になっているのです。

美智子さまのファン層は、初めて雲の上ともいうべき皇室、天皇家にお嫁入りするというので「がんばってください」という人々が大勢いたのが、特徴でした。

それに同時代の女性たちに、高等教育への道を開いたという意味でも、先駆者だったのです。

これに対して雅子さまのご結婚は、いわゆる「深窓の令嬢」ではなく、外務省で働くキャリアウーマンでも天皇家の一員になれるんだ、という意味での評判が高かった感じがします。

それに美智子さまはしとやかさの似合う日本女性であったことに対し、雅子さまは働き着というか、一般女性とそれほど変わらない服装です。

私は美智子さまの洋服デザイナーであった植田いつ子さん、帽子デザイナーであった平田暁夫さんの二人とも、よく知っている仲でしたが、実にこの二人は、美智子さまの特徴をよく知っていました。

いい代えれば、一般女性が美智子さまと同じようなドレスをつくっても、まったく似合いません。

これに対し、雅子さまの洋服はどうでしょうか?

女性週刊誌が毎号「雅子さまファッション」を特集するほどの目新しさもありません。私がいま編集長だったら、そのような企画は立てないでしょう。

しかしそれだからこそ、華やかでありながら、一般性、庶民性がクローズアップされるのではないでしょうか。

地球規模でいっても、これからの日本は酷暑化していきます。四〇度以上の暑さもふえていくかもしれません。そうなると、日本人の服装も、まだまだ変化していきそうです。クールビズから近頃は、ノーヒール化がふつうになりつつあります。

高級な装いをしたくとも、本物の毛皮は使えなくなり、ハイヒールもはかなくなるのです。

雅子さまには、それが似合う庶民性があります。華族をしのぐほどの華麗な経歴をもちながら、一般庶民とどこか共通項があります。

愛子さまも、秋篠宮家のお二人のお嬢さまより、庶民性があります。おそらく生来活発なのでしょう。この活発性は現在の女性が、もっとも身につけたいものです。これからは国立大学の学生も、一回は短期間でも海外留学に行くようになります。私立大学では、すでにそういう大学もふえています。

彼女たちは、雅子皇后を高い目標にしていくのではないでしょうか。

雅子皇后の目標は何か？

令和の御代は、何を目標にするのか、天皇家でもそれは重大です。

たとえば平成時代は長い戦争中で荒れた国土と人々の心を安定させることが、重要な目標になりました。

このため平成の三〇年間に、上皇と上皇后は全都道府県を二回以上、お訪ねになっています。即位後の一五年間に四七都道府県を回っているほどです。

これはなかなかできることではありません。かつての天皇と皇后は、宮城《きゅうじょう》といって、どっしりそこにいることで、天下を治めたものです。

しかし昭和天皇は違っていました。戦争に負けた責任というよりは、戦争を始めた責任、多くの国民を犠牲にした責任を取って、皇居を離れて全国謝罪の旅に出かけたのです。すばらしい責任の取り方です。

平成になると明仁天皇と美智子皇后は、謝罪の旅というよりは、国民に国が安定している姿を見せたい、さらには災害で苦しんでいる国民を見舞いたいという考えで、暑さ寒さに係わらず、遠い土地まで激励して歩きました。

これに対して、新しい徳仁天皇と雅子皇后がどういう目標を立てるのか、非常に注目されています。

これまでの一二六代の皇后の歴史を調べると、それぞれに目標をつくり、それに進んでいます。

たとえば夫を先に亡くした皇后は、夫の重責を果たすべく、一生を国政に尽くしています。あるいは女性の教養を高めようと、自ら先頭に立った皇后もいます。六六代一条天皇の藤原定子《ていし》皇后や一〇七代後陽成《ごようぜい》天皇の女御だった近衛前子《さきこ》などが、その典型でしょう。

近代では、一二一代孝明天皇の女御であり、近代最初の皇太后であった九条夙子《あさこ》准后が、ずば抜けた女性として知られています。明治天皇の母でもあります。いまの東京・秋葉原の繁栄の基をつくったのも、この皇太后であり、初めて行啓《ぎょうけい》といって、准后自らが公的な場所に足を運び、激励しています。

恐らく皇后になられた雅子さまは、この皇太后については、くわしく学ばれたはずで、「皇后というお立場で何をなすべきか」を知ることになるかと思います。

天皇と皇后の目的、目標が一緒のものになるか、それとも別々のものになるかはわかりません。むしろ雅子皇后は、諸外国の皇族、王族だけでなく、政治家とも親しくつき合っていく方向に向かうことも考えられます。

天皇は国内、皇后は愛子さま共々海外志向になれば、一石二鳥です。その可能性も十分あるのではないでしょうか？　これまでの天皇と異なり、令和の天皇である徳仁天皇は、歴代天皇の中で初めて英国オックスフォード大学に留学しています。

もしかすると愛子さまも英国留学する可能性もあるだけに、雅子皇后は英王室と親しく交際を深めていくかもしれません。

その意味で、新しい皇后として、大きな足跡を残していくことも考えられます。

「愛ちゃん憲法」は存在する？

皇后雅子さまに期待できるのは、夫の徳仁天皇が「ナルちゃん憲法」によって育てられていることによります。

当然のことながらご家庭では「愛ちゃん憲法」が存在するでしょう。天皇ご自身が母の皇后から、いや雅子さまが「ナルちゃん憲法」の原本となるノートを、譲り受けている可能性が高いからです。

この憲法によって育てられた夫が、いまや皇太子から天皇になって、すばらしい人間性を国の内外に示しているのです。

恐らく愛子さまの誕生以後、この育て方が踏襲されていることでしょう。

どの家庭でもそうですが、長男の嫁と次男以下の嫁のあり方は違います。長男の嫁にはきびしく、またそのお嫁さんが生んだ子には、一家で揃って育てようとするものです。

かつては長男は大事に育てられすぎて、甘い子になるといわれましたが、それは日本の家庭が五人以上、一〇人近くの子を生み育てた時代の話です。

むしろいまは二人目、三人目の子のほうが甘く育てられています。

そういっていいかどうかわかりませんが、秋篠宮のほうが自由奔放に育てられた感があります。

それがいいか悪いかということではなく、皇室でも一般家庭でも、そういうところは同じでしょう。

誰が見ても秋篠宮ご一家のほうが、きびしさがないようです。

もしかすると、「ナルちゃん憲法」が、次男には適用されなかったからではないかと思うのです。

それというのも、美智子さまは当時、側近の人たちに、

「この子（浩宮）は将来、天皇になるお方です。日本国民、神からお預かりした宝です。自分の子ではいけないのです」

と話しています。

逆にいうと、それだけきびしく育てた、ということです。

その点幸運だったのは、子ども時代の浩宮さまには、浜尾実東宮侍従という、すばらしい養育係がついていました。

かつて浩宮さまがボリショイサーカスを観に行ったとき、夢中になってテーブルに

片ひじをついてしまいました。

このとき浜尾侍従は注意した上で、そのひじを外したほどです。

これは一例ですが、もしかすると似たような教育が、愛子さまにされているのかもしれません。

仮定の話であっても、愛子内親王が女性天皇になられる可能性は、ゼロではないからです。

皇太子ではないということで、愛子さまの教育はあまりオープンになっていませんが、いずれ国内だけでなく、海外に学びに出るときには、もう少し教育のあり方がオープンになることでしょう。

世のお母さま方にとって、もしかすると驚きの教育方針が明らかになるかもしれません。

第4章

天皇と皇后のこれから

女性天皇を期待する声が高くなった

わが国の天皇制は独自の発展を遂げてきました。大国の制度を小国にふさわしいものにするため、それまでの大王を天皇と改めたのです。

大の上に「一」、王の上に「白」を加え、天体で不動の王座を占める北極星を示すといわれる「天皇」という、独自の称号を用いるようになったのです。七世紀代の飛鳥《あすか》朝廷の頃でした。


それまで大后《おおきさき》と呼ばれていた夫人は、皇后と称されるようになり、この皇后以外に、側室として後宮《こうきゅう》職員令というものも決められたのでした。

万が一、皇后に男子の皇子が生まれないときは、これらの側室がもうけた御子《みこ》が、次の天皇になっていったのです。

天皇の庶子（側室の子）にも皇位継承権が認められたことで、昭和二二年（一九四七）まで、この制度は生きていました。

しかし、現実には大正天皇はこの制度を拒否しています。昭和天皇も父・大正天皇につづいて使いませんでした。

そして戦後、改められた皇室典範により、この制度は消えてなくなったのです。

この新しい制度の下で、現在まで香淳皇后、美智子皇后、雅子皇后のお三人の皇后を私たちは迎えていることになります。

天皇、皇后の「皇」の文字には、もっとも神聖な色として尊ばれていた「白」が加わっており、朝廷では、白の衣服を着られるのは、天皇・皇后のお二人だけだったようです。

そこで新しい天皇のご即位（即位礼当日賢所大前《かしこどころおおまえ》の儀）には、お二方とも、純白の練《ねり》絹《ぎぬ》（練って柔らかくした絹）の古式豊かな礼装になります。

こういった知識を少しでも知っておくと、新しい天皇と皇后に、ぐっと親しみが湧いてくるのではないでしょうか。

また同時に、将来の天皇制がどうなっていくかも、考えていいかと思います。

日本の皇室ではこれまでは男子継承がつづいてきましたが、これが永遠につづくとはかぎりません。

すでに令和時代の新天皇と皇后になられた徳仁《なるひと》天皇と雅子皇后には、皇統を継ぐべき親王はいません。愛子《あいこ》内親王だけです。

ここですでに、次代以下の皇位継承順位は決まっています。

第一位は秋篠宮文仁皇嗣であり、第二位は秋篠宮家長男の悠仁親王です。三位は上皇の弟君である常陸宮正仁《ひたちのみやまさひと》親王です。

年齢でいえば五三歳、一二歳、八三歳です。

新天皇が五九歳ですから、長期の天皇になれるのは、一二歳の悠仁さまだけといえます。

ここに現天皇ご夫妻には、聡明な愛子内親王がいます。

令和元年（二〇一九）の一二月一日で一八歳になられますが、すこぶる評判がよく、街の声は女性天皇のほうがよいのではないか、といわれています。

ここで「女性天皇」の可能性が少し高くなってきました。

世論調査でも、たとえば共同通信が令和元年（二〇一九）五月に行った世論調査などでは、八〇パーセント以上が女性天皇を期待しているという結果も出ています。これは愛子さまの即位を期待しているととらえてもいいでしょう。

果してどうなるのか、まだこれからの審議が、どう進むかにかかっています。

秋篠宮文仁殿下の即位辞退は認められない

かつての日本国民は、皇室に対して尊崇の念を抱いている人が、非常に多かったようです。

特に昭和天皇は現人神と呼ばれたこともあって、崇め奉る風潮が一層強かったのでしょう。

ところが平成になってからは、むしろ現・上皇と美智子上皇妃のお人柄もあって、親しまれる皇室に変化してきました。

「国民と共に歩む皇室」が、キャッチフレーズになってきたのです。

一時期は敗戦ということもあり、また左翼学生の増加によって、皇室の前途が危ぶまれた時期がありましたが、いまは概《おおむ》ね安定しています。

とはいえ、これからのことを考えると、まったく心配がないとはいえなくなっています。

一つには、超長寿社会になってきたことで、昭和天皇のご在位は、六四年に達したことがあります。

こうして次の明仁天皇は、自らのご意志で、八五歳をもって退位されましたが、それでも新しい徳仁天皇のご即位は五九歳でした。

ところで次の天皇の年齢はどうなっていくのでしょうか。

徳仁天皇と継承権第一位の秋篠宮文仁殿下では、わずか五歳しか年齢が違っていません。仮に父の上皇と同じ年齢で徳仁天皇が退位したとしても、文仁親王はもう八〇歳になっています。

記者会見の席上での発言ではありませんが、

「兄が八〇歳のとき、私は七〇代半ば。それからはできないです」

秋篠宮さまがこう話したと、朝日新聞（二〇一九・四・二一）は報じています。

ただし、即位の辞退は認められないので、このご希望は不可能です。

また現在の天皇が途中で退位されるかどうかもわかりません。

「皇室典範」には退位の規定こそ明記されていません。

ただ、天皇の地位は国民の総意に基づくものとされており、現代では事実上、「終身在位」となっているものです。

秋篠宮さまの発言はわがままとして、公式には認められないでしょう。

それこそ、数年間だけの在位になったとしても、次期天皇になることは決定事項なのです。

ただこうなると、天皇家の輝きに影が差してきそうです。

国民の歓迎が大きいか小さいかは、ときの政権とも重なって、非常に大きな問題になるでしょう。

たとえば仮に、八〇歳から八五歳での新天皇誕生となった場合、これに大きな費用がかかることを、多くの国民は納得するでしょうか？

また、ご病気になる場合も考えなければなりません。

本来なら明るい皇室づくりを目指さなければならないのが、暗いものになりかねません。

こういった状況は、差し迫っているのです。

人生一〇〇年時代がやってきたといっても、これは平均年齢の問題だけに、次期を含めて、天皇制の問題はそうゆっくりできないでしょう。

女性天皇も含めて、積極的に話し合っていく時期が近くなってきました。

「愛子天皇」はなぜむずかしいか？

世論は愛子天皇の出現を待望しています。

しかし令和の次の時代に愛子天皇が誕生するのは、なかなかむずかしいでしょう。しかしまったく無理かというと、それはまた違ってきます。

というのも皇室典範には、

「皇嗣に、精神若しくは不治の重患があり、又は重大な事故があるときは、皇室会議の議により、前条の定める順序に従つて、皇位継承の順序を変えることができる」（第三条）

となっているからです。

仮に秋篠宮殿下が高齢を理由にご即位を辞退される、ということになれば、皇室会議が開かれることになります。

このとき、悠仁親王の順位を上げるか、新しく女性天皇を加えるか、議論が白熱することになるでしょう。

なぜなら「男子継承」を優先するか、男女に関わらず「直系継承」を優先するか、意見が真っ二つに分かれることが予想されるからです。

現在は日本国始まって以来、初めて体験する男女同権時代です。

一般社会では女性の進出が高まっているのに、国民に範を垂れるべき皇室が、女性への門戸を閉ざすのはおかしい、という論が出るのは必至です。

しかし女性天皇を否定する論者は、

「男系男子が皇位を継承することは、わが国古来の伝統に基づくもの」

として、平成四年（一九九二）の国会論議でも、当時の宮内庁次長が女性天皇、女系天皇を否定しています。

しかし、宮内庁次長が決める事項ではありません。

千数百年つづいてきた「伝統」というのは、それほど重い、ということなのです。

さらに女性天皇が否定されるのは、配偶者問題が起こるからです。

仮に一般男性とご結婚となった場合、皇族の公務はどうなるのか、皇室の財産はどうなるのか、男性の姓はどうなるのか。

むずかしい問題が一挙に起こるからです。

これまで皇室のことについて、まったく知らなかった男性が古来の伝統行事に参加しても、国民は誰も尊敬しないでしょう。

現在、秋篠宮眞子さまのご結婚が問題になっていますが、眞子さまはもちろん、自由にご結婚できる立場です。それでも大きな問題になっています。

現在では、愛子さまも眞子さまも、女子ですから継承権がありません。

しかし愛子さまが仮に女性天皇になられるよう、法律が改正されたら、眞子さまも、女性宮家を創設されることになります。

この場合は夫君も皇族になれる可能性が高まります。

仮にトラブルを持つ男性と結婚した場合、その男性はトラブルを持ちながら、皇族

長野県内でのご静養のために長野駅に到着し、
手をふられる皇太子ご夫妻（現・天皇、皇后）の
長女、愛子さま

となることが考えられます。

これは愛子さまの場合も同じであり、そこで歴史上存在した「十代八人の女帝」は、天皇に即位したあとは全員が独身を通しています。

古代の女性天皇である三三代推古天皇、三五・三七代皇極（斉明）天皇、四一代持統天皇のお三方は、それぞれ敏達《びだつ》天皇、舒明《じょめい》天皇、天武天皇の皇后でしたが、夫である天皇が崩御したことによって即位することになった経緯があります。

また、四三代元明天皇は皇太子であった草壁皇子の妃でしたが、草壁皇子が即位前に早逝したことなどから即位した経緯があります。

残る元正天皇、孝謙（称徳）天皇、明正天皇、後桜町天皇は生涯独身です。

つまり全員が独身の状態で即位し、譲位以後も独身を通した、ということなのです。それを継承するならば、愛子さまに独身を要請しなければなりません。

しかし、それこそ女性の権利をどんどん認めているこの時代に「ご結婚はしないでいただきたい」と、いえるものでしょうか？

ここで考えられるのは、愛子さまが旧宮家のどなたかとご結婚される場合です。

こうなると、天皇になる可能性はぐんと高まるような気がします。

つまり、愛子天皇の可能性は、結婚がどうなるかによって、高まりもするし、低くなるような気がするのです。

雅子皇后の語学力は日本の誇り

どんなことでも、あとから考えると、批評や批判ができるものです。

皇后という立場も、同じことがいえるでしょう。

特に、昭和天皇の香淳皇后については、美智子さまが皇太子妃になられるのを避けられた、ということもあり、あまりよい評判はありませんでした。

一つには香淳皇后の周りには、かつての皇族、華族の女性ばかりだったので、そうなっていった理由もわからないではありません。

仮に雅子妃が皇后になるまでの生活を見たら、美智子さまどころではなかったでしょう。それほど苦難の道だったと思われます。

香淳皇太后が孫の皇太子浩宮さまと雅子さまのご結婚を見たのは、亡くなられる七年前、九〇歳のときでした。

おしとやかな美智子さまと違って、颯爽《さっそう》とした雅子さまは、それこそそれまでの皇族や華族夫人には見られなかったもので、目を丸くしたのではないでしょうか。

高齢者は誰でも若さに驚きます。

雅子さまは特に外務省のキャリアだっただけに、通訳を通さず、ほとんどの外国要人と話が通じます。

父上の小和田恆《ひさし》さんが外務省で各国勤務だったこともあり、英語は当然のこととして、父上のロシア勤務時代にロシア語を、つづいて高校時代にドイツ語、大学時代にフランス語と、ほとんどの主要な外国語を学び、話せるようです。

このほかにスペイン語も陛下と一緒に勉強していると伝えられますが、一種の語学の天才です。

私は東京外国語大学ロシア語の出身ですが、この大学には、やはり語学の天才が何人もおり、私の時代にも最高で二〇ヵ国語以上話せた男がいました。

雅子皇后となった身としては、外国の要人や国王、中でもトップレディたちに、日本のよいところをPRすることが望まれます。

これは余人をもって、代えがたいものがあります。首相夫人でも、各国の王族とフランクにしゃべるわけにはいかないからです。

世界のロイヤルファミリーと同格で話せるのは、天皇と皇后しかいません。

美智子上皇后もその大任をよく果たされましたが、基本は英語だったのではないかと思います。

また雅子皇后と違って、外国留学、勤務時代はありません。

それにやや内向きのご性格ではないでしょうか。

それに対して雅子皇后の本質は、外国人のほうが話しやすいように思えます。

また外国の上流夫人たちも話がはずむので、喜ぶような気がします。

二十一世紀の日本は好むと好まざるとにかかわらず、諸外国の人々が大勢立ち寄ります。

日本人だけでこの国を支えていくわけにはいきません。

雅子皇后にかぎらず、次の皇后もその次の皇后も、開かれた日本にふさわしい方が必要になっていくことでしょう。

皇后不在の日がくるか？

いまの皇室で、もしかすると、皇后という存在の方がいなくなる日がくることも考えられます。

もちろんそれには、皇室典範が改正されなければなりませんが、その可能性は高まりつつあります。

皇室といえども、国民の期待の薄い天皇が即位したり、即位後に期待を裏切ったりするようであれば、改正もないとはいえないところです。

特に国民はこのところ、秋篠宮家にやや不信感を抱いています。

秋篠宮さまご自身の発言にも国民は驚くよりも、苦々しく思っているほどです。

前にも書きましたが、朝日新聞（二〇一九年四月二一日）の紙上には、

「兄が八〇歳のとき、私は七〇代半ば。それからではできないです」

と驚くべき発言をしています。

これは一種のスクープ記事で、記者会見の発言ではないので、その辺を少し割引きしなければなりません。

ただ、この記事に対して宮内庁も訂正を申し入れていないところを見ると、事実なのでしょう。

しかしこれは天皇制を決めている皇室典範を無視した発言です。皇室典範には年齢についてはー切書かれていないからです。

そして、秋篠宮さまのこの発言の裏には「若ければ即位してもいい」という意味も含まれています。

そうだとしたら、兄の天皇に「早く天皇の座を譲り渡せ」といっているようにも聞こえます。

事実、国民や政治家の中には、この捉え方をする人のほうが多いように思われます。

今回、平成の時代を約三〇年にわたって在位してきた明仁天皇が生前退位したことから、「これがつづくことにならないか？」と大きな問題になりましたが、早くも天皇家からその希望が出てきたことになります。

この一事を以ってしても、秋篠宮さまの真意を疑う国民が多くなっています。

また国民全員といってもいいかと思いますが、長女の眞子さまの結婚に関する問題を解決できない父親というイメージは、どう考えても、天皇の座につくべき人物像に見えません。

現在の天皇には、政治にからむことは許されません。

ただ、それでも内閣からは毎週二回、署名や捺印を求められる大事な決裁書類が届けられているのです。

国民としては、安心して天皇の座を任せ、世界における日本の地位を、磐石《ばんじゃく》のものにしていただける人柄を望んでいます。

果たして、秋篠宮さまはどうでしょうか？

また皇后になるべき紀子さまも、長女を皇室の一員にそぐわない結婚をさせてしまったら、果たしてどうなるのでしょうか？

そうでなくても秋篠宮家には、世間の目はきびしいのです。

なんの問題もなく、次の次の天皇になるべき悠仁さまを、しっかり育てることが望まれているのです。

紀子さまは雅子皇后の次を継ぐべき身だけに、いまこそ国民から信頼を受けなければならないでしょう。

悠仁親王が天皇に即位されるとしたら

かりに秋篠宮文仁さまが短期間であれ、次の天皇に在位したあとは、現在の皇室典範によると、悠仁親王が天皇になります。

この父と子の年齢差は四一歳です。父の秋篠宮が八五歳のときは、悠仁さまは四四歳になっています。

このように年齢からだけ考えていくと、このときの悠仁さまはご結婚もし、もしかすると、お子さまが何人かいるかもしれません。

もしこのときに、悠仁さまに男子がいなければ、日本の皇室に、男系がとだえてしまうことになります。

これは問題点を最大限に遅らせたときの計算ですが、恐らく出生するお子たちの数をふやすために、悠仁さまのご結婚は、二〇代も早いうちになるかもしれません。

もしそうであれば、あと一〇数年後には、いろいろな意見が飛び交うことになりそうです。

識者の中には、悠仁さまに男子ができなかったとして、それからでも女性天皇の論議をしても間に合う、という声もあるようです。

ここで現天皇は、愛子さまをそう簡単に、民間にお嫁に出すことはできなくなりそうです。

というのも、もしそれまでに皇室典範が変更された場合は、天皇に即位すべき立場だからです。

またそうならなくとも、悠仁さまを脇から助けることになるかもしれません。

それまでの天皇は二代にわたり、どちらかといえば高齢でのご即位です。現上皇は五五歳でした。現天皇は五九歳となります。

もしこのあと、秋篠宮さまが即位されるとしたら、年齢も七〇代、八〇代になることでしょう。これは考えようによっては、国民を安心させる年代といえるかもしれません。

ところが悠仁さまの仮定のご即位の年齢は、これらの方々と比べると、相当若い天皇になりそうです。

現天皇は、その辺を見通して、愛子さまには、どのような立場に立ってもいいように、女性天皇にふさわしいご教育をしていくことと思われます。

また聡明な愛子さまは、ご自身のむずかしいお立場をしっかり心得ているように思われます。恐らく女性として生まれて、この愛子さまほど困難なお立場の人はいないでしょう。表現がむずかしいところですが、法律によって、ご自分の方向性が一八〇度変わってしまうからです。

静かな学究生活をしたいと思っても、それができるかどうか、わかりません。

また結婚は遅くなるかもしれません。一般人がいいと思っても、それが許されるかどうかは、法律の改正如何《いかん》です。

皇室に関する会議で「女性天皇」が有力になってきたときは、その時点で天皇になるお覚悟を決めなければなりません。

そしてこれが決まった時点で、一二六代、あるいは一二七代つづく天皇家の中で、九人目の女性天皇になることになります。

こうなる可能性もゼロではありません。

仮に愛子天皇が即位されたら、この代には「皇后」という方はいらっしゃらなくなります。

次の天皇は誰か決まっていない

マスコミの中には、秋篠宮の「天皇になりたくない」発言を非常に重く見ているしころもあります。

単に「あまり年取ってからでは困りますよ」と無邪気にいっているようには聞こえないからです。

私もそう思います。一国の皇嗣《こうし》が天皇に向かって「早く私を天皇にしてくださいよ」と要求したような感じを与えます。

世が世なら、天皇家の長男と次男の戦いに発展していくでしょう。世にいう「壬申《じんしん》の乱」は、天皇の嫡男・大友皇子《おおとものおうじ》と天皇の弟・大海人皇子《おおあまのおうじ》が対立し、国を二分する内乱になっています。

今回の秋篠宮の発言は非常に重く、宮内庁の中では「自分は天皇にならない。次の天皇は息子の悠仁ですよ」と表明したことになる、と困惑しています。

ただ関係者の中には、その可能性は「大きい」といっている人も多いそうです。

その理由は、まず秋篠宮が天皇としての教育を受けていない、という点です。

ご本人も、そこを気にしているのではないか、というのです。

たしかに現天皇は「ナルちゃん憲法（美智子上皇妃が徳仁天皇の幼少期につづった育児の

指南条項）」に則って教育を受けています。

そのため、めったにご自分の意志を口に出しませんし、何事にも、つつしみ深いところがあります。

一時期、雅子さまが苦境にあったときでも、ご自分は「あなたを守る」と、雅子さまにきっぱりいっていながら、それを周りに要求していません。

皇太子は次の天皇の位に就く立場にあるため、むしろ周囲に遠慮がちになります。そしてそれが国民の好感を呼んだのです。

ところが秋篠宮さまは、ご自分のお子たちの教育を、宮内庁や周囲の人々に相談し、その意見を聴いたとは思えません。

その理由を「お子たちの意思を尊重した」といっています。

眞子さまはＩＣＵ（国際基督《キリスト》教大学）に行き、次女の佳子さまも、学習院大学を退学してＩＣＵに入学しています。

さらに将来の天皇候補が最初から明らかな悠仁さまも、女子教育が本筋であるお茶の水女子大学附属中学校に入れています。

中学には専攻すべき学科があるわけではありません。また警備性も整っていないのです。まさか悠仁さまがご自分の意思で、この学校を選んだとは思えませんから、ご両親の意思でしょう。

そして平成三一年（二〇一九）には、悠仁さまの学校の机の上にナイフが置かれるという事件が起きてしまいました。これによって、警備代が必要になったということで、国民はあまりよい感情をもっていません。

その上、眞子さまと一般男性の恋愛事件が深刻化し、国民全体の不信感を広げてしまいました。

もしかすると、そういうご自分の失敗も考慮に入れての発言とも受け取れます。

ご自分が天皇に即位するとなると、国民感情が悪すぎるとお考えになっているのかもしれません。

そこで何らかの理由をつけて、悠仁さまに次代の天皇になっていただき、ご自分は摂政ともいうべき位置に立つ。

そうお考えになっているのではないでしょうか？

現人神の天皇に仕えた良子皇后

良子皇后がその地位についたのは昭和天皇が即位されたときで、昭和天皇の即位の礼が執り行われたのは昭和三年（一九二八）一一月一〇日でした。

本当なら、即位の式典は大正天皇の服喪期間の明ける昭和二年（一九二七）一二月二五日以後に行なわれるものですが、即位式というのは、新穀を神に捧げる大嘗祭《だいじょうさい》と連動しているため、秋でないとできません。

そこで昭和三年の秋まで延びたのですが、新天皇は亀卜《きぼく》によって、神に捧げる初穂を収穫する新田を占うのです。

ここが欧米などの王族と異なるところで、天皇ご自身が亀卜の第一人者の家系といえるかもしれません。

中国でも古代から、この亀卜は天子《てんし》の占いとして尊ばれてきました。そのため、たとえ戦いの最中でも、海のない国の天子の使者が、神亀《しんき》を取りに海に行く際には、交戦国といえども、その使者を丁重に遇し、安全を保証したと伝えられています。

昭和天皇の即位の礼は、京都御所の紫宸殿《ししんでん》で行われました。

この即位の礼を行ったあと、昭和天皇は現人神《あらひとがみ》になったのです。

ここが重要になりますが、皇后は半分神である夫をもったことになり、自分自身もそれまでの娘時代とは、大きく変化したように思うようになるとか。

良子皇后もそうだったのでしょう。

天皇の中では、珍しい存在といえます。

それまでの天皇は宗教的に現人神と崇められたのですが、昭和天皇に限っては軍部がその表現を使って、日本軍を「神軍」と表現しています。

この現人神と呼ばれた昭和天皇は、京都の紫宸殿から皇居（当時は宮城《きゅうじょう》）にお帰りになり、東京・代々木練兵場で、近衛《このえ》第一師団（天皇を守る軍隊）を中心とする約三万名の将兵を閲兵《えっぺい》しています。

このときこの閲兵式に参列した兵士の中に、のちに新宗教教団「真如苑《しんにょえん》」を創立した伊藤文明（後の真乗《しんじょう》）が参加していました。

伊藤さんはそのときの記憶を残しています。

「このとき天皇は白馬「吹雪」にまたがって答礼していた。吹雪は、そのとき天皇に合わせて、片足をあげて、不動の姿勢が保っていた」

とのことです。

つまり愛馬も、現人神である天皇に合わせて片足をあげて敬礼していた、ということのようです。

天皇家では白を最高の色とするので、当時の天皇は白馬に乗っていたのです。

これは一例に過ぎませんが、良子皇后は、宮内省（現在は庁）に守られただけでなく、軍部からも、皇族、華族からも守られた一生を送りました。

その点では幸せだったともいえますし、戦前、戦中、戦後と三回にわたり、大きな変動を経験したという意味では、大変だったでしょう。

人の人生は、どこを切り取るかで、幸と不幸が分かれるものです。

女性週刊誌から男性週刊誌への変化

皇室とマスコミは切っても切れません。

報道の内容によっては国民の期待は高まりますし、また意地悪く書かれないともかぎりません。

ただ記者もカメラマンも人間であり、また皇室に好意的な週刊誌もあれば、批判の目で見る新聞社もあります。

大局的に見ると、美智子上皇后は好意的に書かれましたが、雅子皇后はやや意地悪く書かれすぎた気がします。

というのも、一つにはマスコミに反論するような答え方をしたため、二つには病気ということもあって、公務を中止したこともマイナスになりました。

三つには妊娠の質問をされることをいやがったこと、が挙げられるでしょう。

これはまだ雅子さまがお妃候補といわれていた時期ですが、マスコミに質問されると「まったく関係ありません！」「迷惑なんです」といったように、きっぱり否定するのが常でした。

中でも私たちマスコミの人間を驚かせたのが「どの社ですか！　名刺を出しなさい」と女性週刊誌の記者に迫った話でした。

芸能人ならともかく、これは少々行き過ぎではないか、というのが私たちの間の意見でしたが、こうなると、あまりいい印象が残りません。

またご結婚の一時期は、精神的に病んでいるということもあり、そっとするようにしていたものですが、公務を長く休むようなこともあり、次第に皇太子が一人で可哀想だ、という声も高くなっていきました。

これが長くつづくようになったことで、マスコミの評判も下がり、雅子妃は孤立していったのです。

さらに雅子妃の気苦労はつづきます。特に愛子さまをご出産したあと、男子妊娠、誕生について、またまた聞かれるようになりました。

国民は女児誕生となったのですから、当然次は、男子誕生を期待します。さらに愛子さまをお生みになったのが三七歳という、妊娠がギリギリに近いということもあり、注目の的になったのです。

雅子さまにとってマイナスだったのは、美智子さまのときは、女性誌が報道することが多かったので、ファッションや育児が中心でした。

ところが皇室記事が売りものになる、と男性週刊誌が取材しはじめたのです。

男性誌は女性誌より見る目、取材するポイントがきつくなる分、雅子さまは次第に内にこもる性格になったことです。

これによって、さらに週刊誌や新聞の論調がきびしくなり、侍医団がつくられ、ガードするようになっていきました。

一時は愛子さまも精神的に不安定になり、多くの人たちを心配させました。

雅子さまにとって、妊娠可能な四五歳くらいまでが、もっとも苦しい時期だったと思われます。

その時期が過ぎたことで、マスコミも追うことをやめましたが、その頃から、驚くほど元気になられています。

旧宮家を復活する案が有力に

いまの状態の皇室では、いつ男性天皇が断絶するかわかりません。

正確にいえば、皇位継承者は次の三人しかいないのです（カッコ内はお生まれになった年月日です）。

一位　秋篠宮文仁殿下（一九六五・一一・三〇）
二位　　　悠仁親王（二〇〇六・九・六）
三位　常陸宮正仁親王（一九三五・一一・二八）

そこで小泉内閣のとき、女性天皇も認めるべきではないか、という論が起こったのですが、流れてしまいました。

ここで女性天皇と女系天皇の違いを知っておきましょう。

女系天皇とは、母方だけに天皇の血を受け継いでいる人を指します。

たとえば、現・天皇の長女である愛子さまが将来ご結婚されて、男子が誕生したとしましょう。

この男子が天皇に即位された場合を「女系天皇」といいます。

秋篠宮眞子さまが結婚して男子が誕生し、その男子が仮に即位した場合も、同様に女系天皇です。

これに対して「女性天皇」というのは、天皇直系の女性である方が即位された場合をいいます。

いまでいえば、愛子さまが天皇に即位したら、女性天皇です。

前にも書きましたが、大きな問題の一つに、この女性、女系天皇に男子が生まれたときです。

かりに一般市民の男性とご結婚された場合、その間にもうけられた男子が皇太子となり、天皇になることになります。

するとこの男子の親戚、友人がみな天皇家と関係してくるのです。仮に罪を犯したら、天皇の身内が犯罪者になってしまいます。

そこでこのような事態を防ぐために、女性天皇は一生独身を通す、ということになりかねません。

すると女性天皇を制定した意味がなくなってしまうでしょう。一代目はよくても、二代目から問題が起こる可能性があるのです。

そこでもっと他に解決策はないか、ということで考えられるのが、旧宮家に皇籍復帰を求める案です。

旧宮家というのは戦後になってから皇籍を離れた宮家で、現皇室と近い宮家は伏見《ふしみ》家、久邇《くに》家、東久邇《ひがしくに》家、賀陽《かや》家、朝香《あさか》家、北白川家、竹田家、東伏見家、梨本《なしもと》家、山階《やましな》家、閑院《かんいん》家などがあります。

これらの方々に、もう一度宮家を設立していただくわけですが、それは虫のいい話です。

果たして、承諾していただけるかどうか。

ただ、この案は非常に有力で、ありうる話です。

またこうなってくると、昭和天皇の良子皇后（当時）が考えていた、皇族、華族時代に逆戻りすることになりかねません。

良子皇后は、一般人の血が入ることに反対していましたが「こういうこともありうる」と、先見の明をもっていたことになります。

しかし、上皇はご自分のご結婚に当たって「血の問題」も考えていた、といっています。

広く一般人の血を皇室に入れたからこそ、愛子さまのような優秀なお子が生まれた、ともいえるのです。

ここはじっくり検討して、国民の希望も考えつつ、次代を考えていただきたいものです。

おわりに

これだけ皇室と深く関わっていながら、あとにも先にも、私が天皇、皇后（現・上皇、上皇后）のお姿を見たのは一回だけです。

一〇年ほど前でした。

軽井沢駅から皇居にお帰りになるとき、エスカレーターで上がってきたお二人と、偶然目が合ってしまったのです。

そこは、見送りの人たちが駅員の整理を受けていたので、ほとんど誰もいませんでした。

私は親しい人と出会った感じで、何気なく笑いながら頭を下げたのです。

すると、天皇もまるで知人に出会ったかのように、笑顔で挨拶を返してくださったのです。

私は危うく「以前大変お世話になりました『女性自身』の櫻井でございます」と自己紹介をしそうになったほどです。

「女性自身」ではカメラマンの清宮由美子さんと、皇室記者の松崎敏弥君が、ご結婚前から何十年間も両陛下にぴったり付いていたので、他の週刊誌と異なる共通項の親しみがあったのです。

私自身も二〇代のときから、皇太子時代の上皇に親しみを感じていました。

まず上皇の学友である作家の藤島泰輔と親しくつき合っていました。

彼には『孤獨の人』（岩波現代文庫）という、当時は皇太子だった上皇をモデルにした小説があります。

同じ学友である、共同通信の橋本明氏とも長くつき合ってきました。

その上私の二期下で、同じ光文社で「カッパビジネス」編集長の長瀬博昭君も、上皇の同期ということもあって、私は早くから上皇に親しみを覚えていたのです。

さらに私は西武グループの堤清二氏から頼まれて、上皇の妹君にあたる清宮貴子内親王（現・島津貴子さん）と話をするようになっていました。

また私の家内の近い親戚の女性が、美智子さまの絵の先生でもあったのです。佐川敏子がその人ですが、彼女が宮内庁病院に入院していたとき、お見舞いに「鳩」を一羽いただいています。

花ではなく、元気な鳩だと、ベッドからずっと眺められるという心遣いだったのではないかと思います。

美智子上皇后がまだ皇太子妃だった頃の話ですが、この鳩は佐川が亡くなってから一〇年以上も生きていました。私も何度か餌を与えています。

このように振り返ってみると、大学卒業まではまったく関係のなかった天皇家の人々と、どこかでつながっていったことを懐かしく思い出します。

また作家の藤島泰輔はその後、ジャニーズ事務所副社長のメリー喜多川さんと結婚しています。

二人の間には藤島ジュリー景子さんがいますが、まだ会ったこともないのに、応援団の一人になってしまいました。

皇室が取りもつご縁の一つといえるかもしれません。

このほかにも、皇室の人々とのご縁は何人にも広がっています。

私の専門分野は女性学とマスコミ学ですが、皇室に関する著作はこれまで一作も書いておりません。

しかしこのように思い出していくと、やはり「皇室ご用達雑誌」と謳われた時代の週刊誌編集長として、皇室変遷史ともいうべき一冊を書いておくのは必要であり、重要な側面史を残すことになると思いました。

最後に一つだけ、上皇にお詫びしなければなりません。

かつて「皇室への二つの意見に私から答える」（三ページ参照）の記事の折、私の希望で原稿のゲラに丁寧に、手を入れていただきました。

私はそのゲラを編集部の机に保管しておいたのですが、その時期に起こった「光文社闘争」により、組合員によって社内に入るのを遮られ、異常なことですが、自分の机にまで辿り着くことができなくなってしまいました。

そのため、これら大切な資料がどうなったのか、私にはわかりません。皇室の側面史としても、当時の皇太子の直筆の直し箇所が原稿のどこの部分であったかは、大事なところでした。それが失われてしまったのです。たいへん、申しわけないことをいたしました。

櫻井秀勲

［参考文献］

『日本人なら知っておきたい「皇室」128のなぜ？』松崎敏弥（PHP文庫）
『美智子さまと雅子さまの新皇居づくり』松崎敏弥（講談社）
『日本人なら知っておきたい皇室』松崎敏弥（河出夢新書）
『二千年をともに歩んだみんなの【皇室】入門』松崎敏弥（幻冬舎）
『人間皇太子さま』松崎敏弥（フローラル出版）
『美智子さまからの贈りもの』松崎敏弥（三心堂出版社）
『皇后雅子　妃から后への三十年』石井勤（講談社）
『ザ・プリンセス　雅子妃物語』友納尚子（文藝春秋）
『浩宮さまの人間教育』浜尾実（婦人生活社）
『歴史読本　歴代皇后全伝』（新人物往来社）
『皇后陛下お言葉集　あゆみ』宮内庁侍従職監修（海竜社）
「女性自身」（光文社）

●著者プロフィール

櫻井秀勲（さくらい・ひでのり）

1931年、東京生まれ。東京外国語大学を卒業後、光文社に入社。遠藤周作、川端康成、三島由紀夫、松本清張など歴史に名を残す作家と親交を持った。31歳で女性週刊誌「女性自身」の編集長に抜擢され、美智子皇后（現・上皇后）をはじめとする皇室記事などを組み、毎週100万部発行の人気週刊誌に育て上げた。1965年には『皇室への二つの意見に私から答える／談・皇太子明仁親王殿下』（「女性自身」342号）という記事で、マスコミ初の明仁親王殿下ご自身の直接のご意見を週刊誌に掲載する。55歳で独立したのを機に、『女がわからないでメシが食えるか』で作家デビュー。以来、『運命は35歳で決まる!』『人脈につながるマナーの常識』『子どもの運命は14歳で決まる!』『老後の運命は54歳で決まる!』『60歳からの後悔しない生き方』『70歳からの人生の楽しみ方』など、著作は200冊を超える。

■著者公式ホームページ
http://www.sakuweb.jp/

■オンラインサロン『櫻井のすべて』
https://lounge.dmm.com/detail/935/

■オンラインサロン「魔法大学」
https://salon.kizuna-cr.jp/wizard-academy/

昭和から平成、そして令和へ
皇后三代
その努力と献身の軌跡

2019年10月1日　初版第1刷発行

著　者　櫻井秀勲

発行者　岡村季子
発行所　きずな出版
東京都新宿区白銀町1-13　〒162-0816
電話 03-3260-0391
振替 00160-2-633551
http://www.kizuna-pub.jp/

ブックデザイン　福田和雄（FUKUDA DESIGN）
編集協力　ウーマンウエーブ
印刷・製本　モリモト印刷

ISBN978-4-86663-086-1

きずな出版

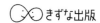